Impressum
Verlag: BABADADA GmbH, Nedderfeld 112 , 22529 Hamburg
Geschäftsführer / Verlagsleitung: Harald Hof
Druck: Books on Demand GmbH, In de Tarpen 42, 22848 Norderstedt

Imprint
Publisher: BABADADA GmbH, Nedderfeld 112 , 22529 Hamburg, Germany
Managing Director / Publishing direction: Harald Hof
Print: Books on Demand GmbH, In de Tarpen 42, 22848 Norderstedt, Germany

1

ቤት-ትምህርቲ
škola

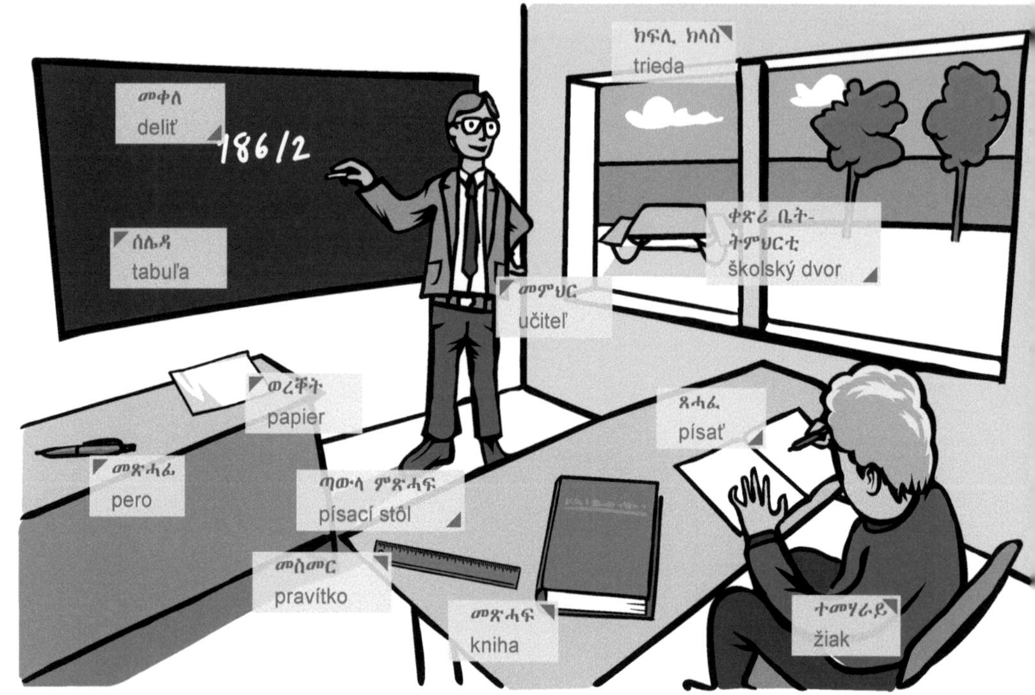

ክፍሊ ክላስ
trieda
መቀለ
deliť
186/2
ሰሌዳ
tabuľa
ቀጽሪ ቤት-ትምህርቲ
školský dvor
መምህር
učiteľ
ወረቐት
papier
ጸሓፈ
písať
መጽሓፊ
pero
ጣውላ ምጽሓፍ
písací stôl
መስመር
pravítko
መጽሓፍ
kniha
ተመሃራይ
žiak

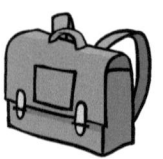

ሳንጣ ትምህርቲ

školská taška

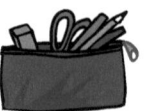

ሰፌር ብርዒ

peračník

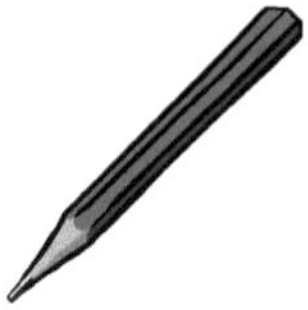

ርሳስ

ceruza

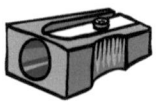

መብልሒ ርሳስ

strúhadlo na ceruzky

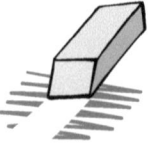

መደምሰሲ

guma

ጥራዝ ስእሊ

skicár

ስእሊ

....

kresba

ብርዒ ቀለም

....

štetec

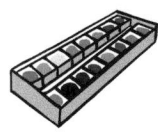

ቦክስ ቀለም

....

vodové farby

መቐስ

....

nožnice

መጣበቒ

....

lepidlo

ጥራዝ መላመዲ

....

cvičný zošit

ዕዮ ገዛ

....

domáca úloha

12

ቁጽሪ

....

číslo

2+2

ወሰኽ

....

sčítať

5-2

ጎደለ

....

odčítať

2×2

ረብሓ

....

násobiť

ደመረ

....

počítať

A

ፊደል

....

písmeno

ABCDEFG HIJKLMN OPQRSTU VWXYZ

ስርዓት ፊደላት

....

abeceda

ቃል

....

slovo

ጽሑፍ

text

አንበበ

čítať

ኩርሽ

krieda

ሰዓት

hodina

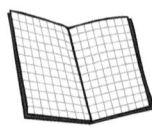

መዝገብ ክላስ

triedna kniha

መርመራ

skúška

ሰርቲፊከት

certifikát

ድቢዛ ቤትትምህርቲ

školská uniforma

ትምህርቲ

vzdelanie

ለክሲኮን

encyklopédia

ዩኒቨርሲቲ

univerzita

ሚክሮስኮፕ

mikroskop

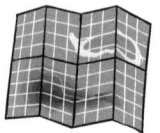

ካርታ

mapa

ጎሓፍ ወረቓት

kôš na papier

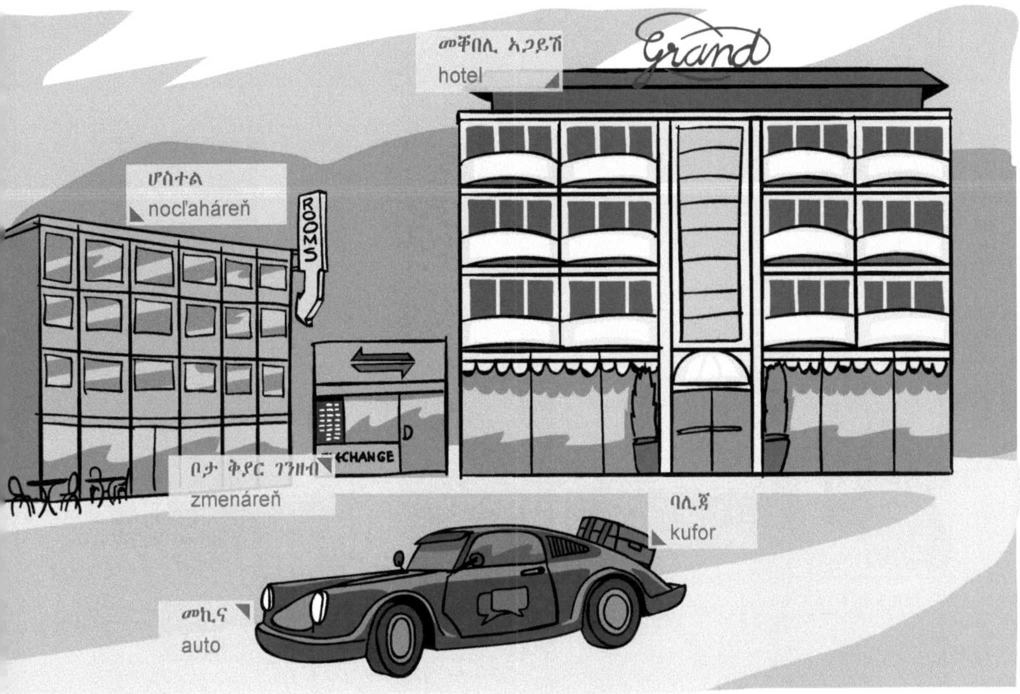

መቐበሊ ኣጋይሽ
hotel
Grand
ሆስተል
nocľaháreň
ROOMS
ቦታ ቅያር ገንዘብ
zmenáreň
CHANGE
ባሊጃ
kufor
መኪና
auto

ቋንቋ
....
jazyk

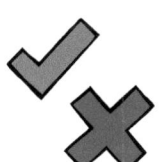

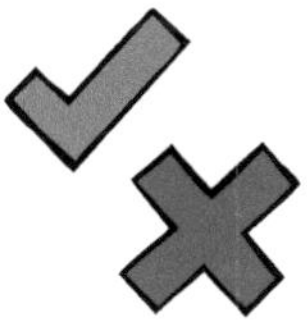

እወ / ኖ
....
áno/nie

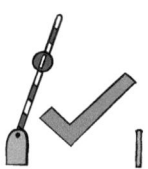

ሕራይ
....
v poriadku

ሰላም
....
ahoj

ኣስተርጓሚ
....
prekladateľ

የቐንየለይ
....
ďakujem

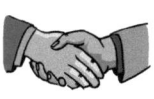

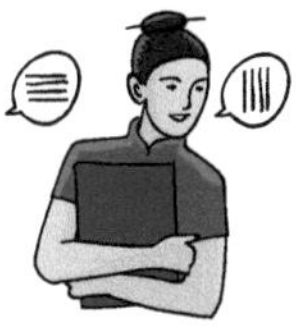

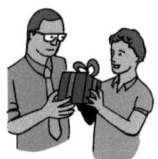

... ክንደይ ዋጋኡ?

Koľko stojí ... ?

አይተረድአኹን

Nerozumiem

ሽግር

problém

ሰላም ምሸት!

Dobrý večer!

ከመይ ሓዲርካ

Dobré ráno!

ሰላም ለይቲ

Dobrú noc!

ደሓን ኩን

Dovidenia

አንፈት

smer

ጉዕዝ

batožina

ሳንጣ

taška

ሳንጣ ሕቖ

batoh

ጋሻ

hosť

ክፍሊ

izba

ክሻ መደቐሲ

spacák

ቴንዳ

stan

ሓበሬታ በጻሕቲ ሃገር

informácie pre turistov

ገምገም ባሕሪ

pláž

ክረዲት ካርድ

kreditná karta

ቁርሲ.

raňajky

ምሳሕ

obed

ድራር

večera

ቲከት

cestovný lístok

ሊፍት

výťah

ማሕተም ደብዳበ

poštová známka

ዶብ

hranica

ድንና

clo

ኣምባሲ.

veľvyslanectvo

ቪዛ

vízum

ፓስፖርት

cestovný pas

መጓዓዝያ

doprava

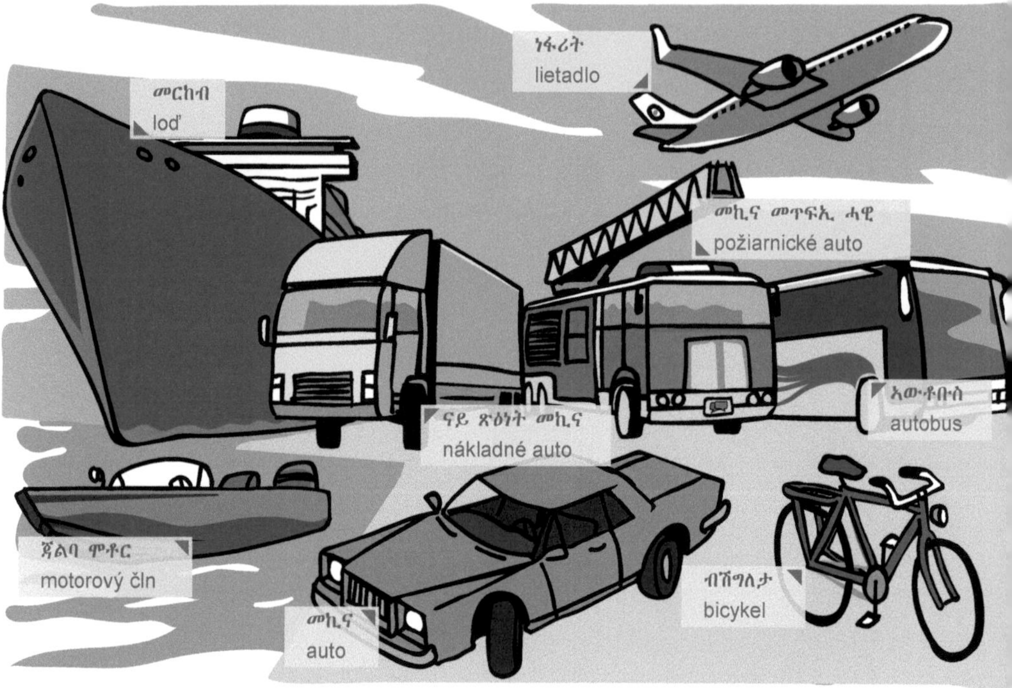
ነፋሪት
lietadlo
መርከብ
loď
መኪና መጥፍኢ ሓዊ
požiarnické auto
ናይ ጽዕነት መኪና
nákladné auto
ኣውቶቡስ
autobus
ጃልባ ሞተር
motorový čln
መኪና
auto
ብሽግለታ
bicykel

ፈሪ

trajekt

ጃልባ

loď

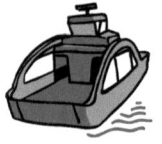

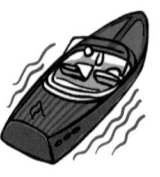

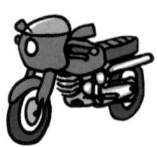

ሞቶ

motorka

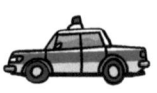

መኪና ፖሊስ

policajné auto

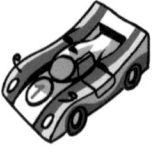

መኪና ቅድድም

pretekárske auto

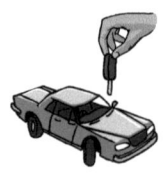

ክራይ መኪና

vozidlo z požičovne

ምውፋይ መካይን

carsharing

መወሰዱ መኪና

odťahové auto

መኪና ጐሓፍ

smetiarske auto

ሞቶር

motor

ነዳዲ

benzín

እንዳ ነዳዲ

čerpacia stanica

ምልክት ትራፊክ

dopravná značka

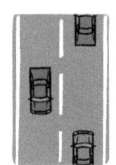

ትራፊክ

premávka

ምጽቕጫቕ ትራፊክ

zápcha

መዐሸጊ መኪና

parkovisko

መዕረፊ ባቡር

vlaková stanica

ሓዲግ

trate

ባቡር

vlak

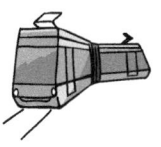

ትሬም

električka

ባጎኒ

vagón

ሄሊኮፕተር

helikoptéra

መዓረፍ ነፈርቲ

letisko

ታወር

veža

ተጓዓዚ

pasažier

ኮንተይነር

kontajner

ሳንዱቅ ካርቶን

kartón

ኮርሳ ጽዕነት

vozík

ዘንቢል

kôš

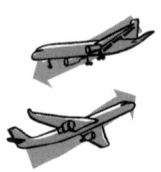

ተበገሰ / ዓለበ

štartovať / pristáť

ከተማ

mesto

ቀሳሽት

dedina

ማእከል ከተማ

centrum mesta

ገዛ

dom

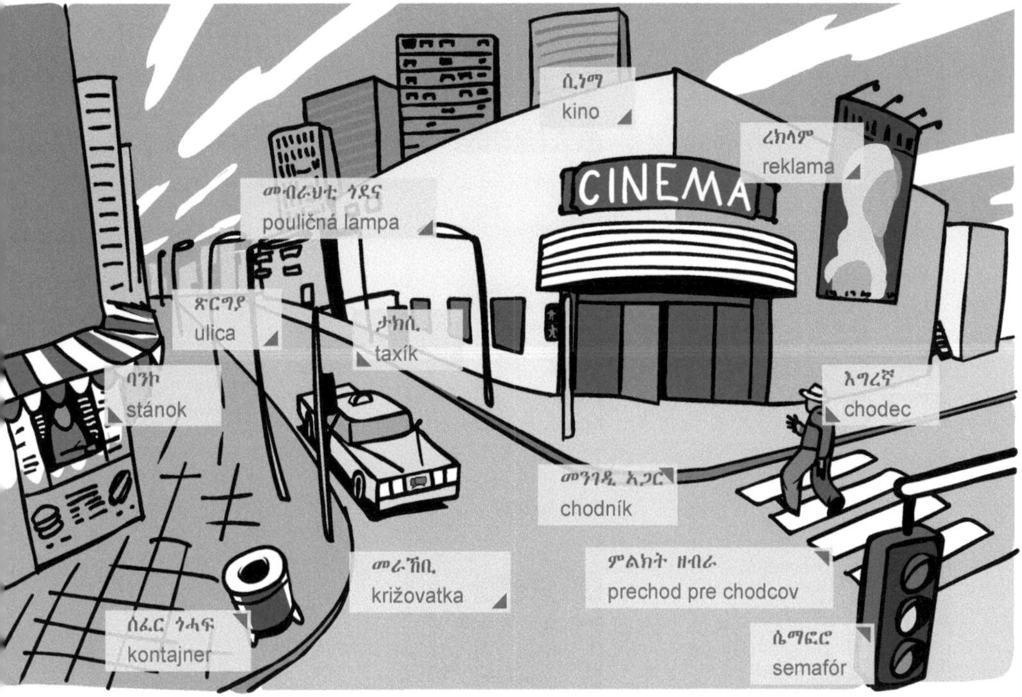
ሲነማ
kino
ረክላም
reklama
CINEMA
መብራህቲ ጎደና
pouličná lampa
ጽርግያ
ulica
ታክሲ
taxík
ባንኮ
stánok
እግረኛ
chodec
መንገዲ እጋር
chodník
መራኸቢ
križovatka
ምልክት ዘብራ
prechod pre chodcov
ሰፈር ጎሓፍ
kontajner
ሴማፎሮ
semafór

ኣጉዶ

chata

ኣፓርትመንት

byt

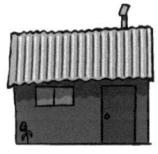

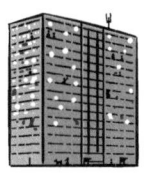

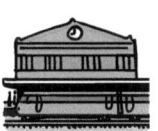

መዕረፊ ባቡር

vlaková stanica

ቤት ምምሕዳር

radnica

MUSEUM

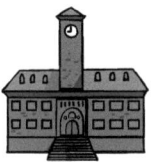

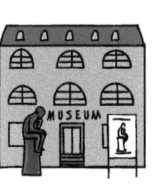

ቤተ መዘክር

múzeum

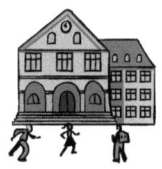

ቤት-ትምህርቲ

škola

ዩኒቨርሲቲ

univerzita

ባንክ

banka

ሆስፒታል

nemocnica

መቐበሊ ኣጋይሽ

hotel

ቤት መድሃኒት

lekáreň

ቤት ጽሕፈት

kancelária

ዱኳን መጽሓፍቲ

kníhkupectvo

ዱኳን

obchod

ዱኳን ዕንባባ

kvetinárstvo

ሱፐርማርኬት

supermarket

ዕዳጋ

trh

ሹቕ

obchodný dom

ነጋዳይ ዓሳ

obchodník s rybami

ሹቕ

nákupné stredisko

መርሳ

prístav

መዘናግዒ.
....
park

ባንኪ.
....
lavička

ድልድል
....
most

መደያይቦ
....
schody

ባቡር ትሕቲ ምድሪ
....
metro

ቢንቶ
....
tunel

መዕረፊ አውቶቡስ
....
autobusová zastávka

ቤት መስተ
....
bar

ቤት-መግቢ.
....
reštaurácia

ሰታሪት
....
poštová schránka

ታቤላ
....
tabuľa s názvom ulice

ሰዓት ፓርኪንግ
....
parkovacie hodiny

መካነ እንስሳታት
....
ZOO

መሓምበሲ.
....
plaváreň

መስጊድ
....
mešita

ቤት ሕርሻ

farma

ብክላ

znečisťovanie životného prostredia

መቃብር

cintorín

ቤተክርስትያን

kostol

ቦታ ምጽዋት

ihrisko

ቤት መቅደስ

chrám

ስእሊ መሬት

terén

አቝጽልቲ
list

መሕበሪ መገዲ
smerová tabuľa

መገዲ
cesta

ሸኻ
lúka

እምኒ
kameň

ኮብላሊ
turista

ኣግራብ
strom

ፈለግ
rieka

ሳዕሪ
tráva

ዕንባባ
kvet

ስንጭሮ
....
dolina

ጎቦ
....
kopec

ቀላይ
....
jazero

ዱር
....
les

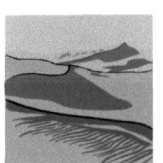

ምድረ በዳ
....
púšť

እሳተ-ጎመራ
....
vulkán

ግምቢ
....
zámok

ቀስተ-ደመና
....
dúha

ቃንጥሻ
....
hríb

ዓርኮብኮባይ
....
palma

ጣንጡ
....
komár

ሃመማ
....
mucha

ጻጻ
....
mravec

ንህቢ
....
včela

ሳሬት
....
pavúk

ስእሊ መሬት - terén   15

ሕንዚዝ

chrobák

ዕንቍርዖብ

žaba

ምጽጹላይ

veverička

ቅንፍዝ

jež

ማንቲለ

zajac

ጉንጓ

sova

ጭሩ

vták

ስዋን

labuť

መፍለስ

diviak

ዓጋዝን

jeleň

ሙስ

los

ግድብ

hrádza

ተርባይን ንፋስ

veterná turbína

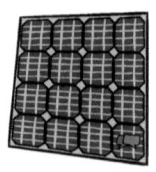

ሶላር ስርሓት

solárny panel

ኩነታት ኣየር

podnebie

አሰላፊ
čašník

ካርታ መግብታት
jedálny lístok

መንበር
stolička

መረቅ
polievka

ፒትሳ
pizza

ክዳን ጣውላ
obrus

መመታተሪ
príbor

ቅድመ ቀንዲ መግቢ

predjedlo

ቀንዲ መኣዲ

hlavné jedlo

ድሕረ መግቢ

zákusok

መስተ

nápoje

መግቢ

jedlo

ጥርሙዝ

fľaša

ስሉጥ መግቢ.

fast-food

መግቢ. ጽርግያ

street food

ብርጭቆ ሻሂ

kanvica na čaj

ታኒካ ሽኮር

cukornička

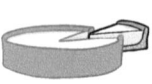

ክፋል

porcia

ማሺን ኤስፕረሶ

stroj na espresso

ነዊሕ መንበር

detská stolička

ጸብጻብ

účet

ታብለት

podnos

ካራ

nôž

ፋርኬታ

vidlička

ማንካ

lyžica

ማንካ ሻሂ

čajová lyžička

ሰርቪየተ

obrúsok

ብኬሪ

pohár

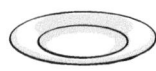

ሸሓኒ
tanier

ሸሓኒ መረቕ
hlboký tanier

ትሕቲ ኩባያ
podšálka

ጸብሒ
omáčka

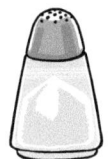

ወሃቢ ጨው
soľnička

መጥሓን በርበረ
mlynček na korenie

ኣቾቶ
ocot

ዘይቲ
olej

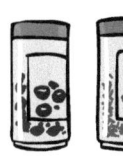

ቀመም
korenie

ከቻፕ
kečup

ኣድሪ
horčica

ማዮኔዝ
majonéza

ሱፐርማርኬት

supermarket

ወፈያ
špeciálna ponuka
ዓሚል
klient
ፍርያታት ጸባ
mliečne výrobky
FOR
ፍረታት
ovocie
ሰረገላ ዱኳን
nákupný vozík

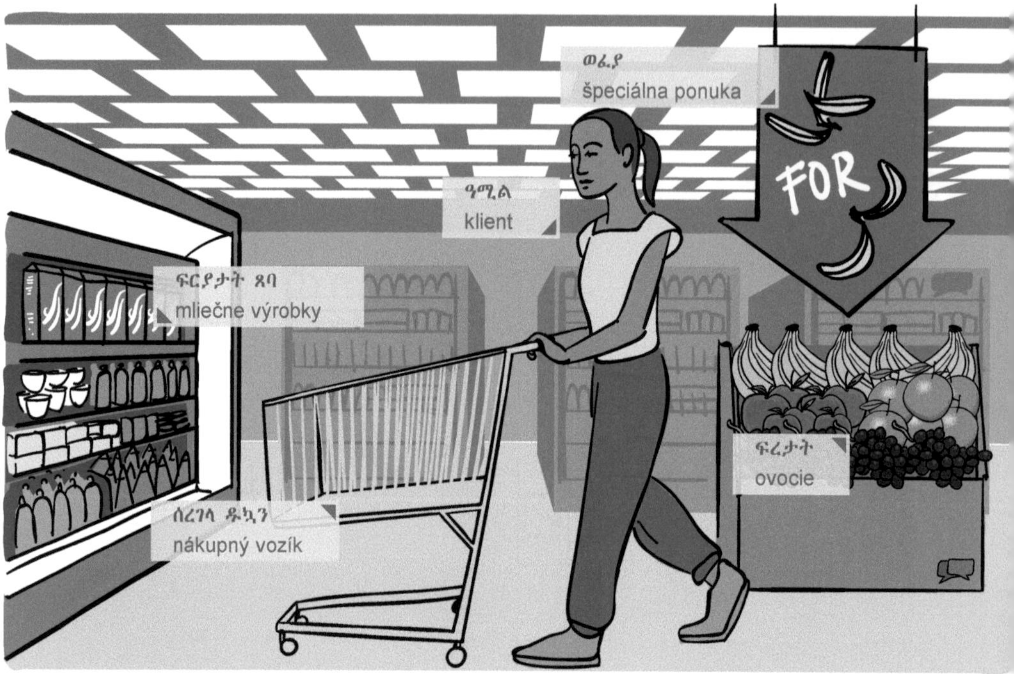

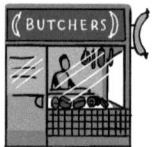

BUTCHERS

እንዳ ስጋ

mäsiarstvo

BAKERY

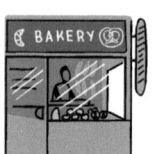

እንዳ ባኒ

pekáreň

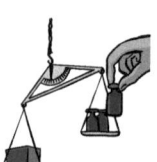

ክብደት

vážiť

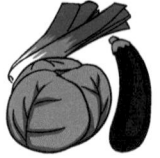

ኣሕምልቲ

zelenina

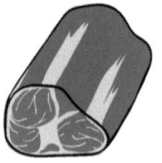

ስጋ

mäso

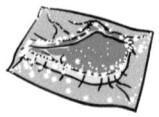

መግቢ ፍሪጅ በረድ

mrazené potraviny

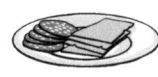

ዝሑል ቅሩብ መግቢ
....
nárez

እስታጥላ
....
konzervy

አሞ
....
prací prostriedok

ምቁር መግቢ
....
sladkosti

ዘቤታዉያን አቕሑ
....
domáce potreby

ናዉቲ መጸረዪ
....
čistiace prostriedky

ሽቃጣይ
....
predavačka

ካሳ
....
pokladňa

ተሓዝ ገንዘብ
....
pokladník

ዝርዝር ምግዛእ
....
nákupný zoznam

ክፉት ሰዓታት
....
otváracie hodiny

ማሕፉዳ
....
peňaženka

ክረዲት ካርድ
....
kreditná karta

ሳንጣ
....
taška

ፈስታል
....
plastové vrecko

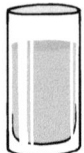

ማይ

voda

ጁማቆላ

džús

ጸባ

mlieko

ኮላ

kola

ነቢት

víno

ቢራ

pivo

አልኮል

alkohol

ካካው

kakao

ሻሂ

čaj

ቡን

káva

ኤስፕሬሶ

espresso

ካፑቺኖ

kapučíno

ባናና

banán

ቱፋሕ

jablko

አራንሺ

pomaranč

ብርጭቆ

melón

ለሚን

citrón

ካሮት

mrkva

ጸዕዳ ሽጉርቲ

cesnak

ባምቡስ

bambus

ሽጉርቲ

cibuľa

ቅንጥሻ

hríb

ፉል

orechy

ፓስታ

rezance

ስፓጌቲ
špagety

ሩዝ
ryža

ሰላጣ
šalát

ቅልዋ ድንሽ
hranolky

ቅሉው ድንሽ
pečené zemiaky

ፒትሳ
pizza

ሃምቡርገር
hamburger

ፓኒኖ
obložený chlebík

ቢስተካ
rezeň

ሰለፍ ሓሰማ
šunka

ሳላሚ
saláma

ግዕዝም
klobása

ደርሆ
kurča

ቀለወ
pečené mäso

ዓሳ
ryba

ገዓት
....
ovsené vločky

ሙስሊ
....
müsli

ኮርንፍለይክስ
....
kukuričné lupienky

ሓርጭ
....
múka

ክሮሶን
....
croissant

ባኒ
....
pečivo

ባኒ
....
chlieb

ቶስት
....
hrianka

ብሽኩቲ
....
sušienky

ጠስሚ
....
maslo

ርጎኦ
....
tvaroh

ፓስተ
....
koláč

እንቋቊሖ
....
vajce

ቅሉው እንቋቊሖ
....
volské oko

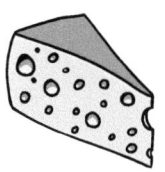

ፋርማጆ
....
syr

አይስ ክሪም

zmrzlina

ሽኮር

cukor

መዓር

med

ጃም

lekvár

ኑጋት-ክሬም

nugátová nátierka

ኩሪ

karí korenie

ቤት ሕርሻ

farma

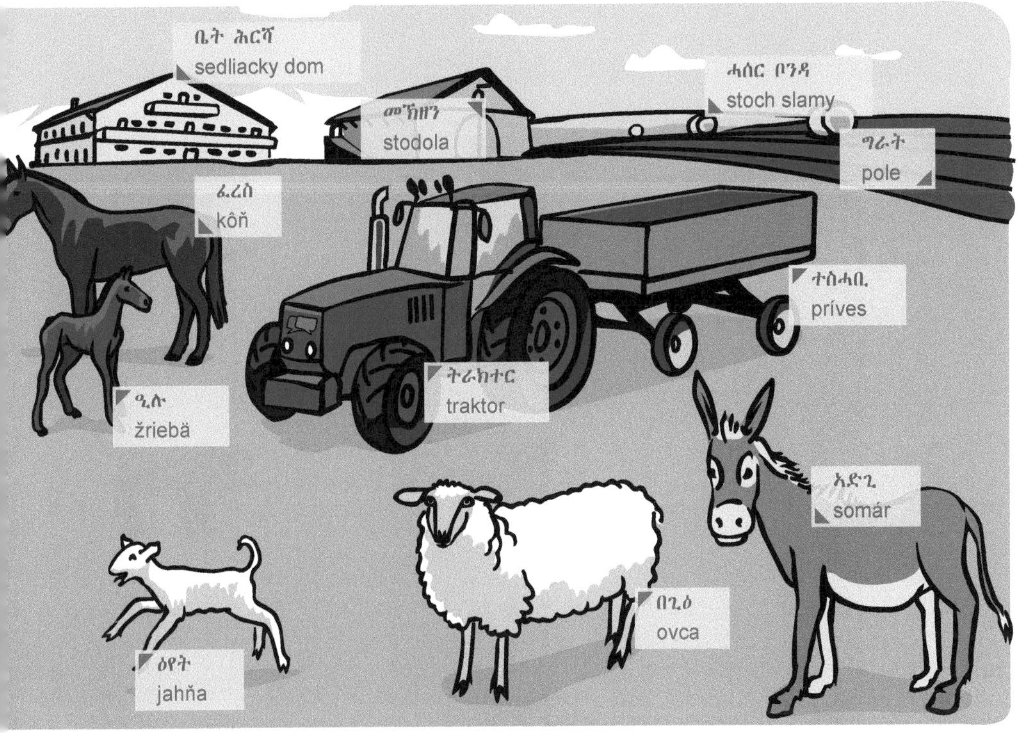
ቤት ሕርሻ
sedliacky dom
መኽዘን
stodola
ሓሰር ቦንዳ
stoch slamy
ግራት
pole
ፈረስ
kôň
ተስሓቢ
príves
ትራክተር
traktor
ዒሉ
žriebä
ኣድጊ
somár
በጊዕ
ovca
ዕየት
jahňa

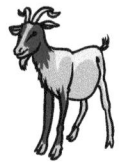

ጤል
....
koza

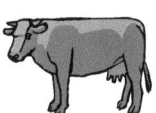

ብዕራይ
....
krava

ምራኽ
....
teľa

ሓሰማ
....
prasa

ውላድ ሓሰማ
....
prasiatko

ኣርሓ
....
býk

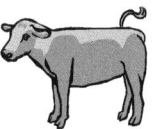

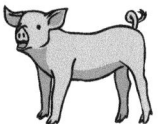

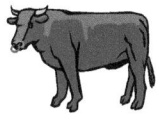

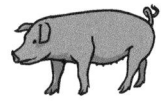

ዓሳ
....
hus

ማይ ደርሆ
....
kačica

ጫቍሊት
....
kuriatko

ደርሆ
....
sliepka

ኣርሓ ደርሆ
....
kohút

ኣንጨዋ ዓባይ
....
potkan

ድሙ
....
mačka

ኣንጨዋ
....
myš

ብዕራይ
....
vôl

ከልቢ
....
pes

ኣጉዶ ከልቢ
....
psia búda

ቱባ ጀርዲን
....
záhradná hadica

መዝፈፈ ማይ
....
krhla

ዓቢ ማዕጺድ
....
kosa

ማሕረሻ
....
pluh

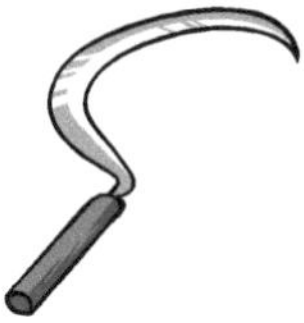

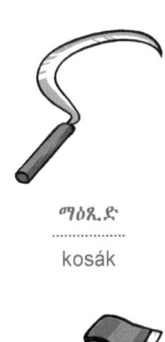

ማዕጺድ

....

kosák

ጭኺሮ

....

motyka

መስአ

....

vidly na hnoj

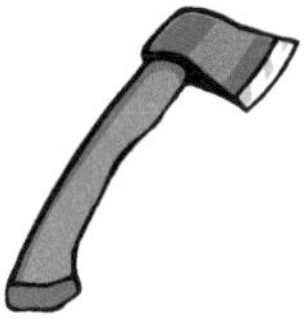

ፋስ

....

sekera

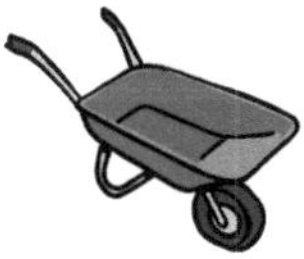

ዓረብያ ኢድ

....

fúrik

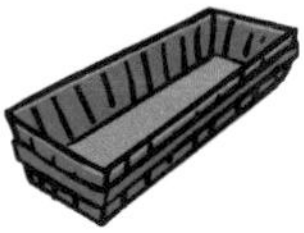

ጋብላ

....

koryto

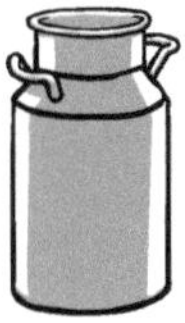

ብርጭቆ ጸባ

....

kanva na mlieko

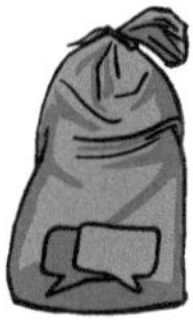

ክሻ

....

vrece

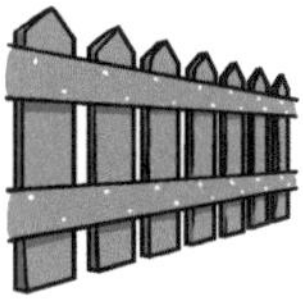

ሓጹር

....

plot

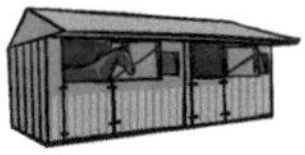

መጓሰስ

....

maštaľ

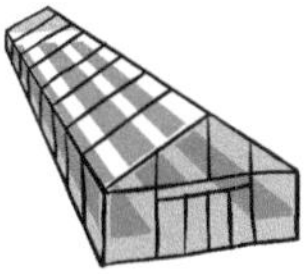

ቐጠልያ ገዛ

....

skleník

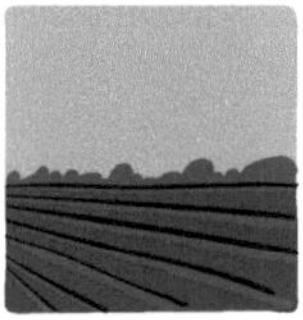

ባይታ

....

pôda

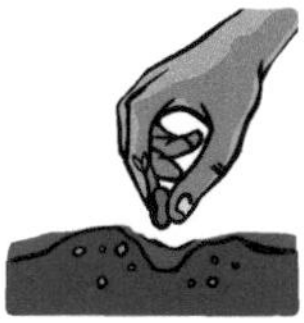

ዘርኢ

....

osivo

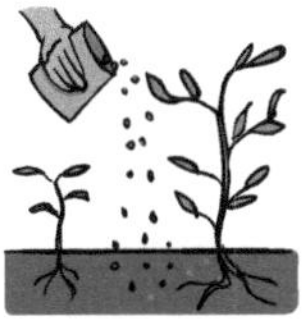

ድኹዒ

....

hnojivo

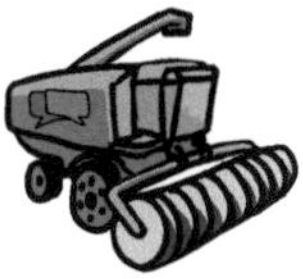

ዘጣምር ቀውዓይ

....

kombajn

ቀውዕ

žať

ጻማ

žatva

ድንሽ ያም

batát

ስርናይ

pšenica

ሶያ

sója

ድንሽ

zemiak

ዕፉን

kukurica

ራፕስ

repka

ገረብ ፍረታት

ovocný strom

ማኒኦክ

maniok

አእኽል

obilie

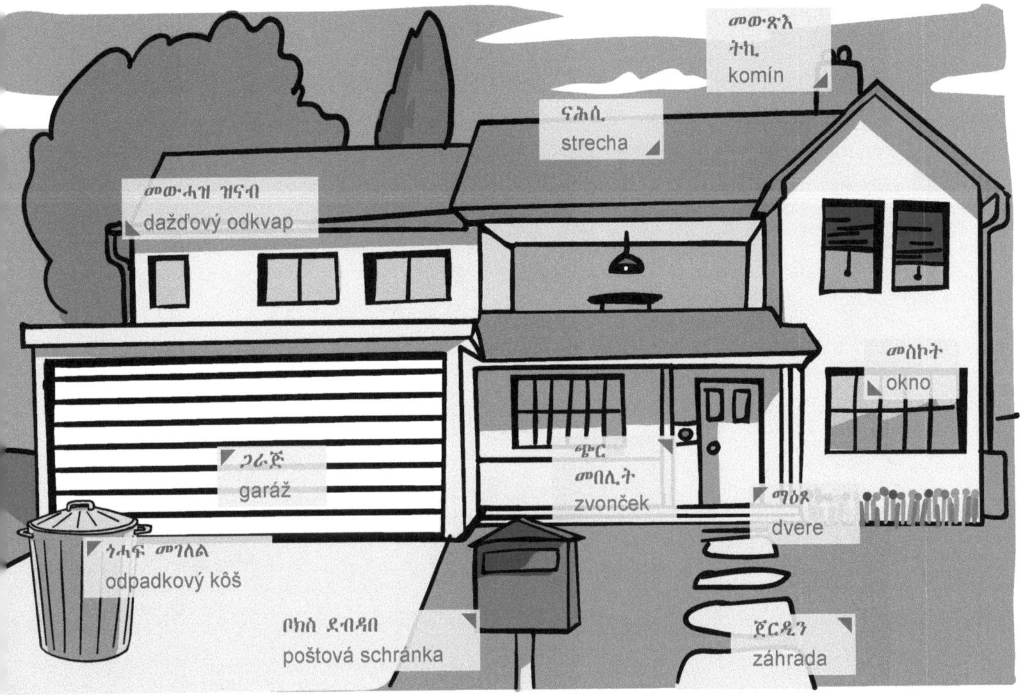

dom

መውጽእ ትኪ
komín

ናሕሲ
strecha

መውሓዝ ዝናብ
dažďový odkvap

መስኮት
okno

ጋራጅ
garáž

ጭር
መበሊት
zvonček

ማዕጾ
dvere

ጎሓፍ መገለል
odpadkový kôš

ቦክስ ደብዳበ
poštová schránka

ጀርዲን
záhrada

ክፍሊ ምቕማጥ

obývačka

ክፍሊ ባንዮ

kúpeľňa

ክሽነ

kuchyňa

ክፍሊ መደቀሲ

spálňa

ክፍሊ ቆልዑ

detská izba

መመገቢ ክፍሊ

jedáleň

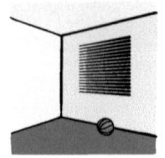

ባይታ
podlaha

መንደቅ
stena

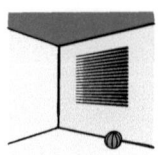

ከቦርታ
strop

ካንቲና
pivnica

ሳውና
sauna

ባልኮን
balkón

ዛላ
terasa

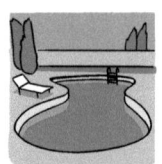

መሕምበሲ
bazén

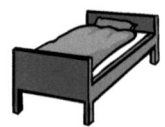

መቑረጺ ሳዕሪ
kosačka

አንሶላ ዓራት
obliečka

ከቦርታ ዓራት
posteľná prikrývka

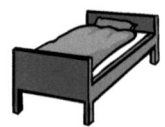

ዓራት
posteľ

መኾስተር
metla

መገለል
vedro

መወልዒት
vypínač

ክፍሊ ምቕማጥ

obývačka

ወረቐት መንደቕ
tapeta
ስእሊ
obraz
ላምፓ
lampa
ከብሒ
regál
ከብሒ
skriňa
ተለቪዥን
televízor
መውጽኢ ትኪ ኣብ ገዛ
kozub
ዕንባባ
kvet
መተርኣስ
vankúš
ሳሎን
pohovka
ባዞ
váza
ሪሞት
diaľkové ovládanie

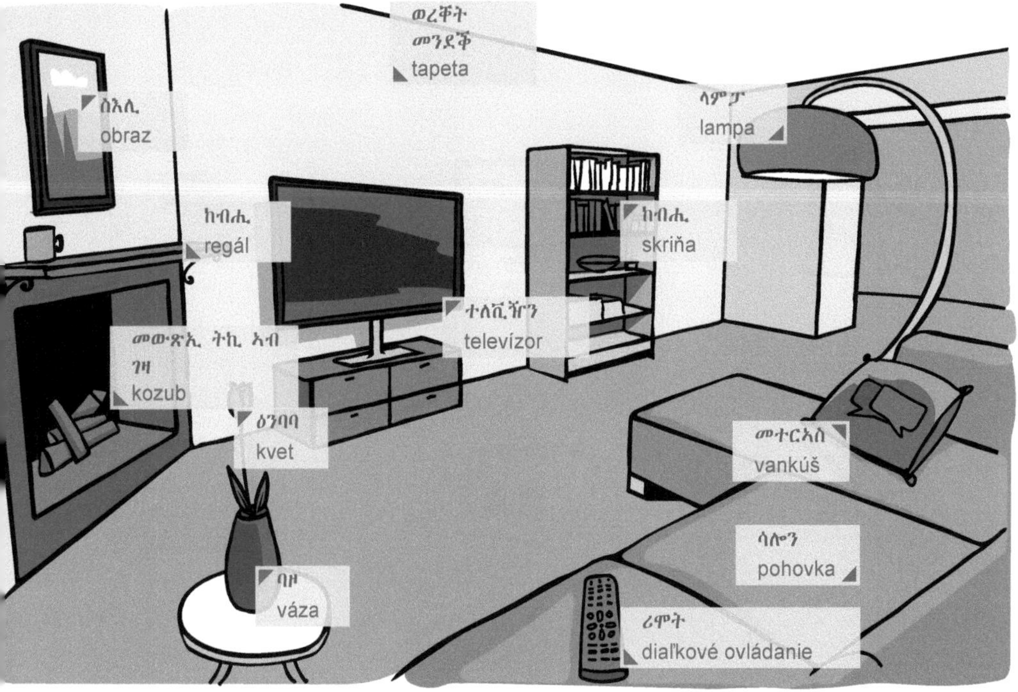

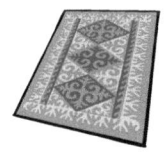

መንጸፍ

koberec

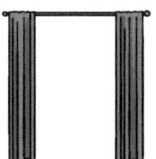

መጋረጃ

záclona

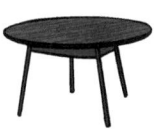

ጣውላ

stôl

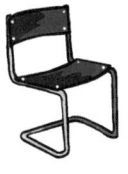

መንበር

stolička

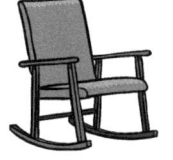

ሰለል ዝብል መንበር

hojdacie kreslo

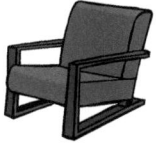

መንበር ምቹእ

kreslo

መጽሐፍ

kniha

ከቦርታ

prikrývka

ስልማት

dekorácia

እንጨይቲ ሓዊ

drevo na kúrenie

ፊልም

film

ስተሪዮ

hi-fi veža

መፍትሕ

kľúč

ጋዜጣ

noviny

ቅብአ

maľba

ፖስተር

plagát

ሬድዮ

rádio

ጥራዝ

zápisník

መልገሲ. ደሮና

vysávač

በለስ

kaktus

ሽምዓ

sviečka

ክሽነ

kuchyňa

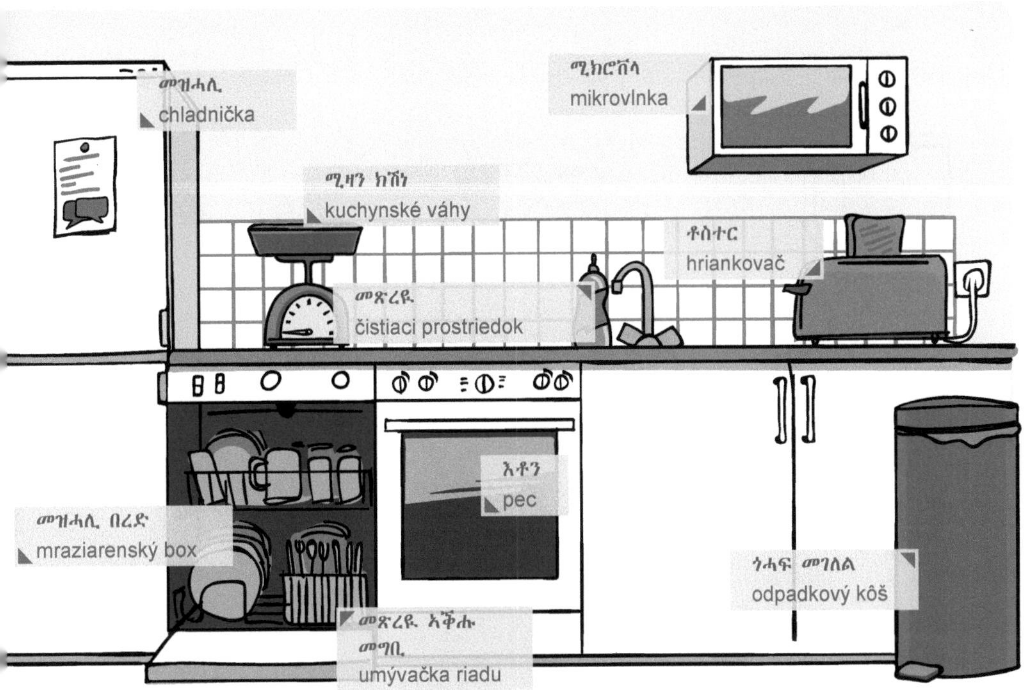

መዝሓሊ
chladnička
ሚክሮቨላ
mikrovlnka
ሚዛን ክሽነ
kuchynské váhy
ቶስተር
hriankovač
መጽረዪ
čistiaci prostriedok
እቶን
pec
መዝሓሊ በረድ
mraziarenský box
ጎሓፍ መገለል
odpadkový kôš
መጽረዪ ኣቕሑ መግቢ
umývačka riadu

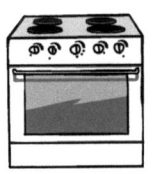

መኸሸኒ
....
sporák

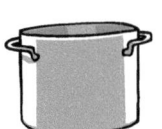

ድስቲ
....
hrniec

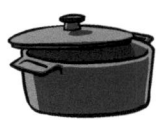

ድስቲ ሓጺን
....
železný hrniec

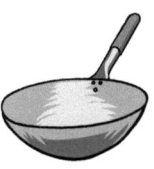

ቮክ/ካዳይ
....
wok / kadai

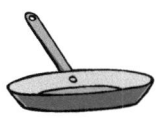

ባደላ
....
panvica

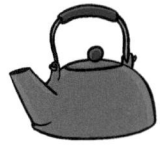

መውዓዪ ማይ
....
rýchlovarná kanvica

መፍልሒ

parný hrniec

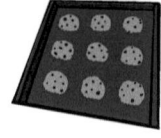

ጐንቴራ ምስንካት

plech na pečenie

ኣቕሑ መግቢ

riad

ብርጭቆ

pohár

ጭሓሎ

misa

ማንካቼና

paličky

ማንካ መረቕ

naberačka na polievku

መገልበጢ ባደላ

stierka

መኸሳተር ውርጪ

metlička

መንፈት መግቢ

cedidlo

መንፈት

sitko

መፋሕፍሒ

strúhadlo

ሞርታር

mažiar

ባርቢክዮ

gril

ስፍራ ሓዊ

ohnisko

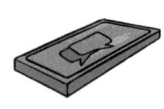

እንጨይቲ ምምታር

doska na krájanie

እንጨይቲ ኩረር

valček na cesto

መኽፈት ቡሽ

vývrtka

ታኒካ

konzerva

መኽፈቲ ታኒካ

otvárač na konzervy

ጨርቂ ድስቲ

chňapka

ቡምባ

výlevka

አስባስላ

kefa

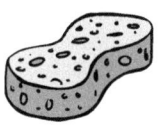

ሰፍንግ

hubka

ሓዋሲ አደባላዥ

mixér

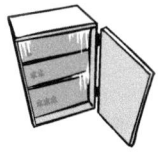

መዝሓሊ በረድ

mraznička

ጥርመዝ ማማይ

kojenecká fľaša

ቡምባ ማይ

vodovodný kohútik

ክፍሊ ባንዮ
kúpeľňa

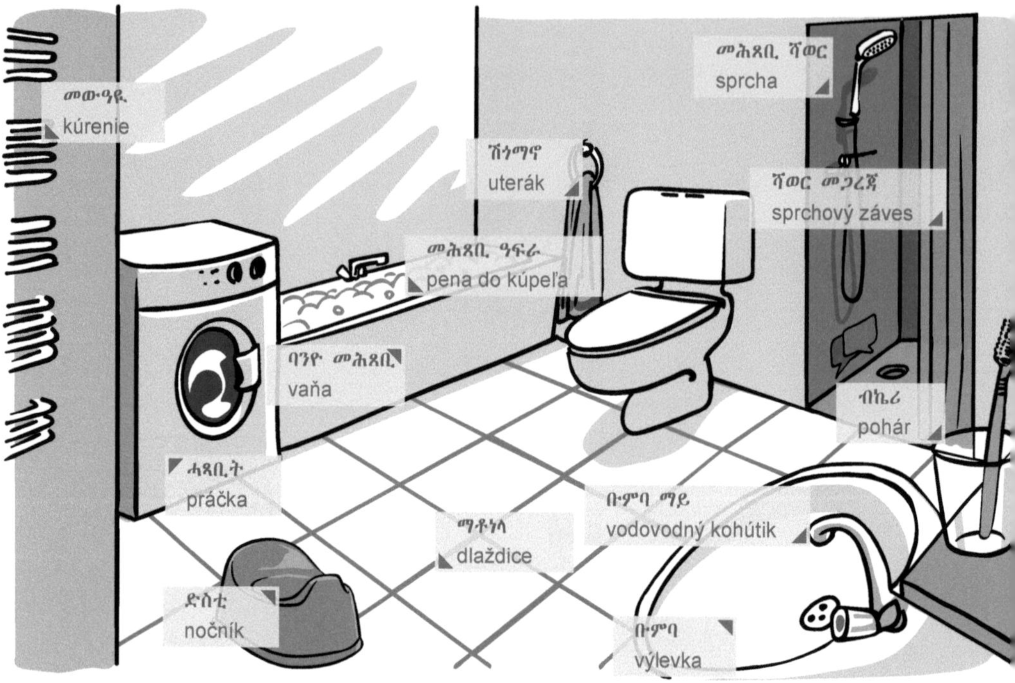

መውዓዪ
kúrenie
መሕጸቢ ሻወር
sprcha
ሽጎማኖ
uterák
ሻወር መጋረጃ
sprchový záves
መሕጸቢ ዓፍራ
pena do kúpeľa
ባንዮ መሕጸቢ
vaňa
ብኬሪ
pohár
ሓጻቢት
práčka
ቡምባ ማይ
vodovodný kohútik
ማቶነላ
dlaždice
ድስቲ
nočník
ቡምባ
výlevka

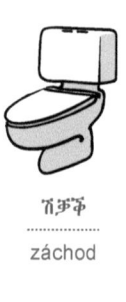

ሽቓቕ
záchod

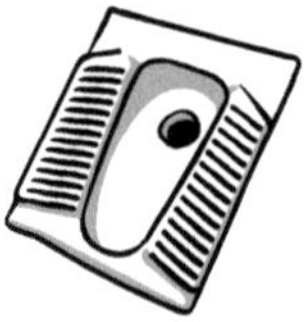

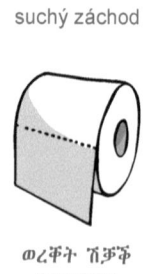

ሽቓቕ ኮፍ
suchý záchod

በዴ
bidet

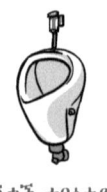

ሽቓቕ ተባዕታይ
pisoár

ወረቐት ሽቓቕ
toaletný papier

ኣስባስላ ሽቓቕ
záchodová kefa

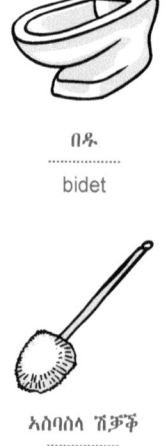

አስባስላ ስኒ
zubná kefka

ክሬማ ስኒ
zubná pasta

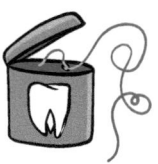

ሃሪ ስኒ
dentálna niť

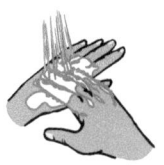

ሓጸብ
umývať

ዱሽ ኢ.ድ
ručná sprcha

ዱሽ
sprcha pre intímnu hygienu

ብርጭቆ ምሕጸብ
umývadlo

አስባስላ ሕቆ
kefa na chrbát

ሳምና
mydlo

ሻወር ጀል
sprchový gél

ሻምፑ
šampón

ጨርቂ መሕጸቢ
frotírová rukavica

መውሓዚ
odtok

ክሬማ
krém

ደዮ ጨና
dezodorant

መስትያት

zrkadlo

ናይ ኢድ መስትያት

kozmetické zrkadlo

መላጸ

žiletka

ዓፍራ ምልጸይ

pena na holenie

ጨና ድሕሪ ምልጸይ

voda po holení

መመሸጥ

hrebeň

አስባስላ

kefa

መንቐጺ ጸግሪ

sušič vlasov

ስፕረይ ጸግሪ

sprej na vlasy

መመላኽዒ

make-up

ብርዒ ቀለም ከንፈር

rúž

አዝግልቶ

lak na nechty

ጸምሪ ጡጥ

vata

መስደዲ ጽፍሪ

nožnice na nechty

ጨና

parfum

ሳንጣ መሕጸቢ
....
kozmetická taška

ድኳ
....
stolček

ሚዛን
....
váha

ክዳን መሕጸቢ
....
kúpací plášť

ጎንቲ መጸረዪ
....
gumové rukavice

ታምፓን
....
tampón

ጨርቂ ሰበይቲ
....
menštruačná vložka

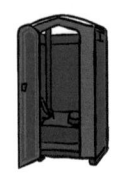

ሽቻቖ ከሚስትሪ
....
chemické WC

ክፍሊ ቆልዑ

detská izba

ኣላርም
መተስኢ
budík
መጻወቲ እንስሳ
plyšová hračka
መጻወቲ መኪና
hračkárske auto
ኳሕኳሕ
መበሊ
hrkálka
ቤት ባምቡላ
domček pre bábiky
ህያብ
dar

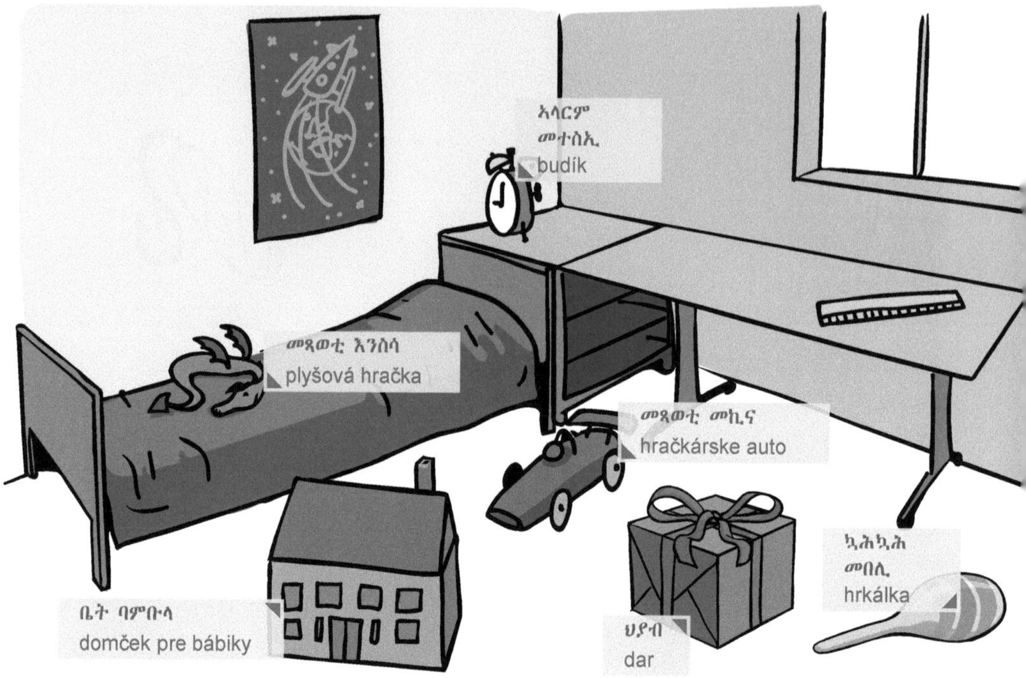

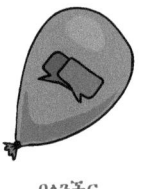

ባላንችና
....
balón

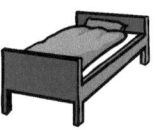

ዓራት
....
posteľ

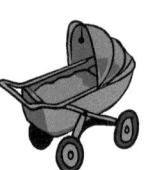

ሰረገላ ህጻን
....
detský kočík

ጸወታ ካርታ
....
karty

ሕንቅሊተይ
....
puzzle

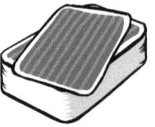

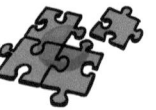

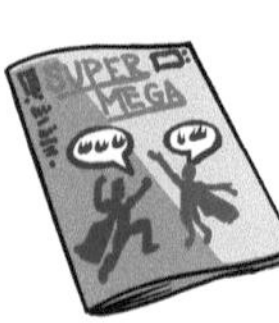

ኮሜዲ
....
komix

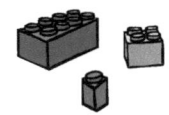

እምንታት መጸወቺ ለጎ

skladačka lego

መጸወቺ እምንታት

stavebnica

በዓል አክቸን

akčná postavička

ክዳን ማማይ

dupačky

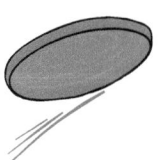

ፍሪስቢ

lietajúci tanier

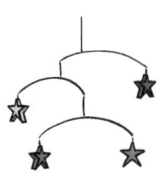

ሞባይል ማማይ

závesné hračky

ጸወታ ሰሌዳ

stolová hra

ኩቦ

kocka

ሞደል ባቡር ምድሪ

modelový vláčik

ዓባስ

cumlík

ፓርቲ

párty

መጽሓፍ ስእሊ

obrázková kniha

ኩዕሶ

lopta

ባምቡላ

bábika

ተጸወተ

hrať sa

መጻወቲ ሑጻ

pieskovisko

ሰላል

hojdačka

መጻወቲታት

hračky

ኮንሶል ቪድዮ

hracia konzola

መጻወቲ ሰለስተ መንኮርኮር

trojkolka

ተዲ

medvedík

ከብሒ ክዳን

šatník

ካልስታት

ponožky

ነዊሕ ካልስታት

pančuchy

ስረ ካልሲ

pančuchové nohavičky

ሻርባ
šál

ጽላል
dáždnik

ማልያ
tričko

ቁልፊ
opasok

ሊፋዕ
čižmy

ጫማ ገዛ
papuče

ስኒከርስ
tenisky

ሽበጥ	ጫማ	ሪፋዕ ጎማ
sandále	topánky	gumáky
ሙታንታ	ክዳን ጡብ	ትሕተ ካሚቻ
spodky	podprsenka	tielko

ቦዲ

body

ስረ

nohavice

ጄንስ

džínsy

ቀምሽ

sukňa

ካምቻ

blúzka

ካሚቻ

košeľa

ጉልፎ

pulóver

ጎልፎ

sveter

ጃኬት

blejzer

ጃከት

bunda

ጁባ

kabát

ክዳን ዝናብ

pršiplášť

ኮስቱም

kostým

ቀምሽ

šaty

ቀምሽ መርዓ

svadobné šaty

ልብሲ
oblek

ካሚቻ ለይቲ
nočná košeľa

ክዳን ለይቲ
pyžamo

ሳሪ
sari

መሃረብ ርእሲ
šatka na hlavu

ቱርባን
turban

ቡርካ
burka

ካፍታን
kaftan

አባያ
abaja

ክዳን መሕምበሲ
dvojdielne plavky

ስረ መሕምበሲ
plavky

ሓጺር ስረ
šortky

ክዳን ታዕሊም
tepláková súprava

በጃ ክዳን
zástera

ንንቲ
rukavice

መልጎም

gombík

መነጽር

okuliare

በንናጅር

náramok

ማዕተብ

retiazka

ቀለበት

prsteň

ኩትሻ

náušnica

ቆብዕ

čiapka

መንበሪ ጁባ

vešiak

ባርኔጣ

klobúk

ካራቫት

kravata

ሻርኔጣ

zips

ሀልመት

prilba

መድልደል ስረ

traky

ድቢዛ ቤትትምህርቲ

školská uniforma

ድቢዛ

uniforma

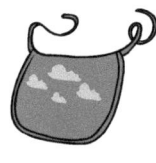

ሰደርያ ቆልዓ

podbradník

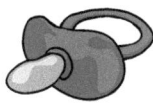

ዓባስ

cumlík

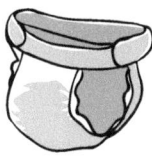

ጨርቂ ማማይ

plienka

ቤት ጽሕፈት

kancelária

ሰርቨር
server
ከብሒ ሰነድ
skriňa na spisy
ወረቐት
papier
ፕሪንተር
tlačiareň
ሞኒቶር
monitor
ኣንጭዋ
myš
ጣውላ ምጽሓፍ
písací stôl
ሓቓፊ
zakladač
ኪቦርድ
klávesnica
ጎሓፍ ወረቐት
kôš na papier
ኮምፒተር
počítač
መንበር
stolička

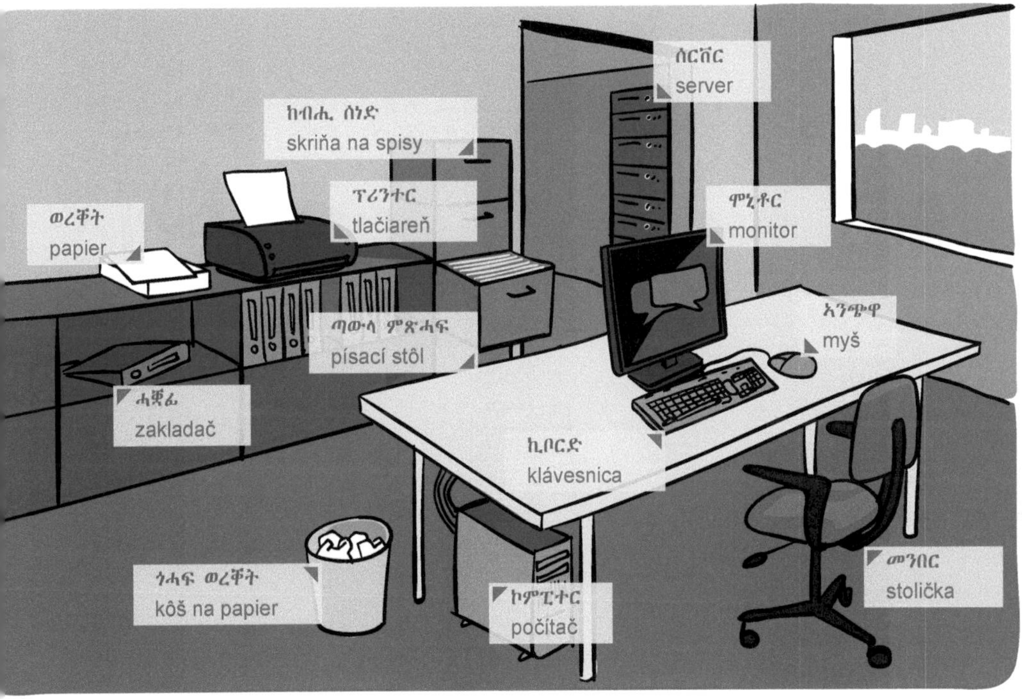

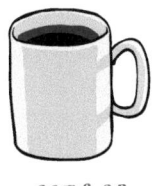

ብርጭቆ ቡን

hrnček na kávu

ካልኩለተር

kalkulačka

ኢንተርነት

internet

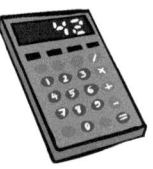

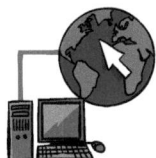

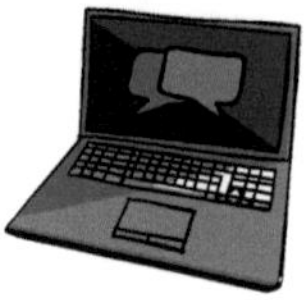

ላፕቶፕ

laptop

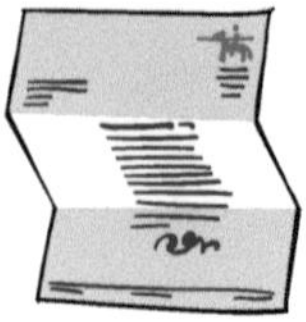

ደብዳበ

list

መልእኽቲ

správa

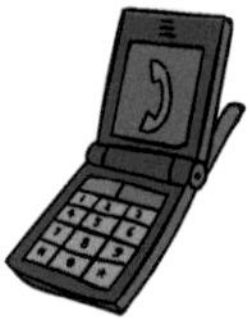

ሞባይል

mobil

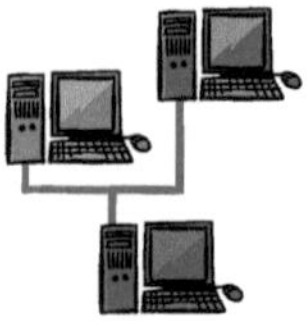

ነትወርክ/መርበብ

sieť

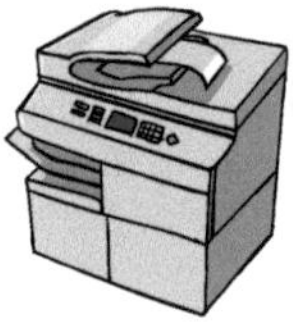

መቅድሒ ፎቶኮፒ

kopírka

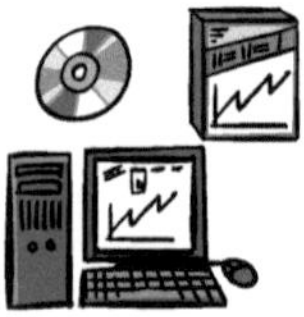

ሶፍትዌር

softvér

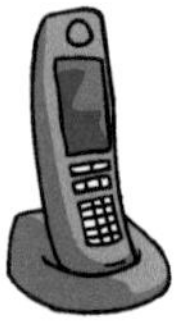

ተለፎን

telefón

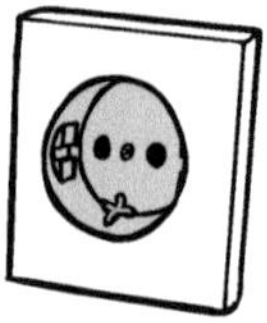

ሶከት ኳረንቲ

elektrická zásuvka

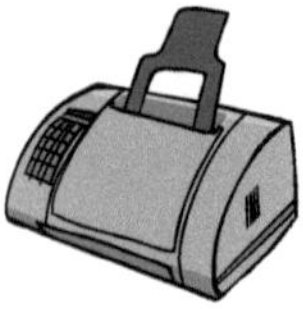

ፋክስ

fax

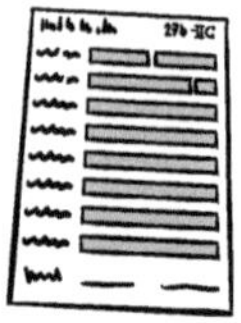

ፎርም

formulár

ሰነድ

doklad

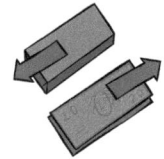

ገዛእ

kúpiť

ከፈለ

platiť

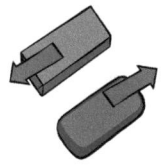

ንግዲ

obchodovať

ገንዘብ

peniaze

ዶላር

dolár

ኦይሮ

euro

የን

jen

ሩብል

rubeľ

ስዊዝ ፍራንክን

švajčiarsky frank

ረንሚንቢ ዮዋን

čínsky jüan

ሩፕየ

rupia

መውጽኢ ማሺን ገንዘብ

bankomat

በታ ቅያር ገንዘብ

zmenáreň

ወርቂ

zlato

ብሩር

striebro

ዘይቲ

ropa

ሓይሊ

energia

ዋጋ

cena

ውዕል

zmluva

ቀረጽ

daň

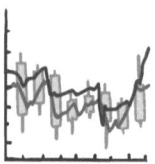

እኩብ ጥሪ-ነገራት

akcia

ሰርሐ

pracovať

ሰራሕተኛ

zamestnanec

ኣስራሒ

zamestnávateľ

ትካል

továreň

ዱኳን

obchod

ሞያታት

povolania

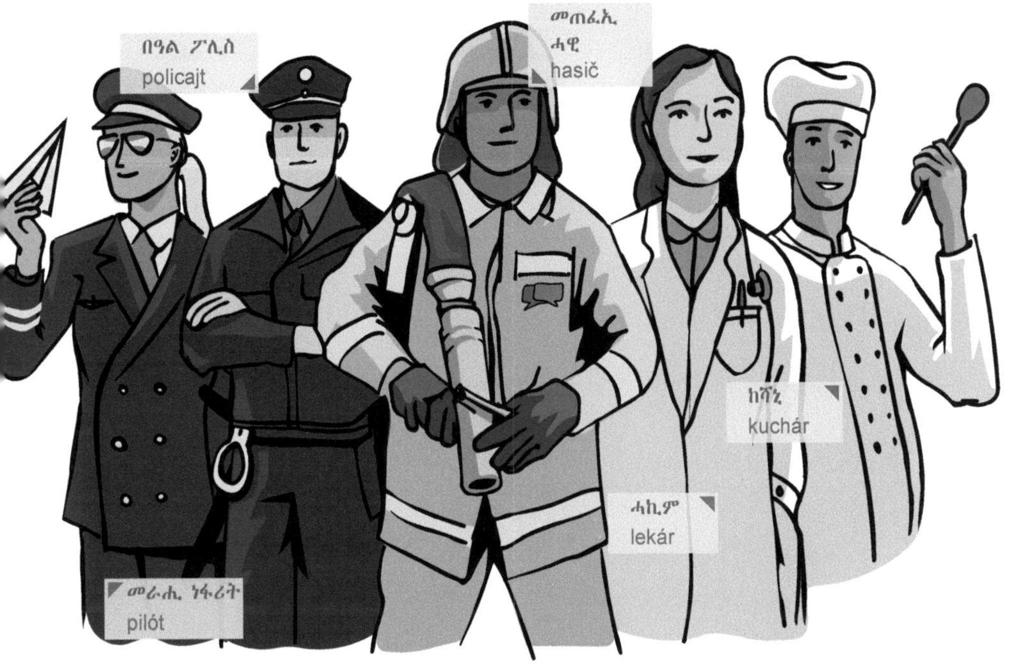

በዓል ፖሊስ
policajt
መጠፈኢ ሓዊ
hasič
ከሻኒ
kuchár
ሓኪም
lekár
መራሒ ነፋሪት
pilót

ሰራሕትኛ ጀርዲን

záhradník

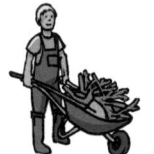

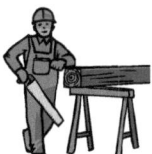

ጸራቢ ዕንጸይቲ

stolár

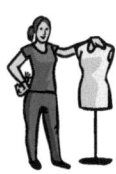

ሰፋይት

krajčírka

ፈራዳይ

sudca

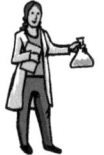

ቀማሚ

chemik

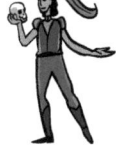

ተዋሳኢ

herec

መራሒ አዉቶቡስ

vodič autobusu

አዉቲስታ ታክሲ

taxikár

ገፋፊ ዓሳ

rybár

ጸራጊት

upratovačka

ሃናጺይ ናሕሲ

pokrývač

አሰላፊ

čašník

ሃዳናይ

poľovník

ሰአላይ

maliar

እንዳ ሕብስቲ

pekár

ኤለትሪከኛ

elektrikár

ሃናጺ አባይቲ

stavebný robotník

ሃንዳሲ

inžinier

ሰራሕተኛ እንዳ ስጋ

mäsiar

ድራብሊኮ

klampiar

አማላሳሲ ፖስጣ

poštár

ወተሃደር
vojak

መሃንድስ
architekt

ተሓዝ ገንዘብ
pokladník

ሰራሕተኛ ዕምባባ
kvetinár

ቀምቃማይ
kaderník

ፈተሪኖ
sprievodca

መካኒክ
mechanik

መራሒ መርከብ
kapitán

ሓኪም ስኒ
zubár

ተመራማሪ
vedec

ራቢ
rabín

ኢማም
imám

ፈላሲ
mních

ቀሺ
farár

ናውቲ
náradie

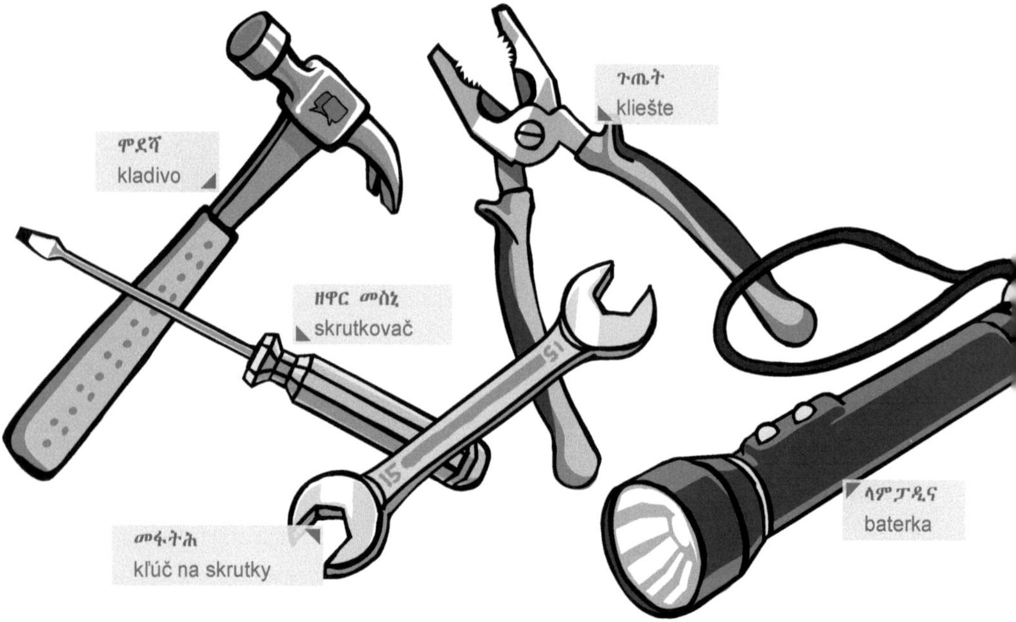
ሞደሻ
kladivo
ጉጤት
kliešte
ዘዋር መስኒ
skrutkovač
መፋትሕ
kľúč na skrutky
ላምፓዲና
baterka

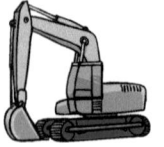

ፈሓሪ

bager

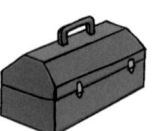

ናውቲ ቦክስ

súprava náradia

መደያይቦ

rebrík

መጋዝ

pílka

መስማር

klince

ኰዓቲ

vrták

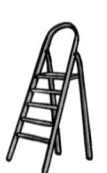

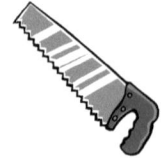

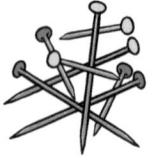

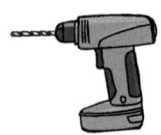

ምዕራይ
....
opraviť

ባደላ
....
lopata

አይ!
....
Do čerta!

መትሓዚ ዶሮና
....
lopatka na smeti

ድስቲ ቀለም
....
nádoba s farbou

ካቻቢተ
....
skrutky

መሳርሒ ሙዚቃ

hudobné nástroje

ከበሮታት
bicie

እስፒከር
reproduktor

ጊታር
gitara

ረጒድ ዓባይ
ጊታር
kontrabas

ትሮምፔት
trúbka

ፒያኖ

klavír

ቪዮሊን

husle

ባስ ጊታር

basa

ቲምፓኒ

tympany

ከበሮ

bubon

ኦርጋን

klávesnica

ሳክሶፎን

saxofón

ሻምብቆ

flauta

ሚክሮፎን

mikrofón

መካነ እንስሳታት

ZOO

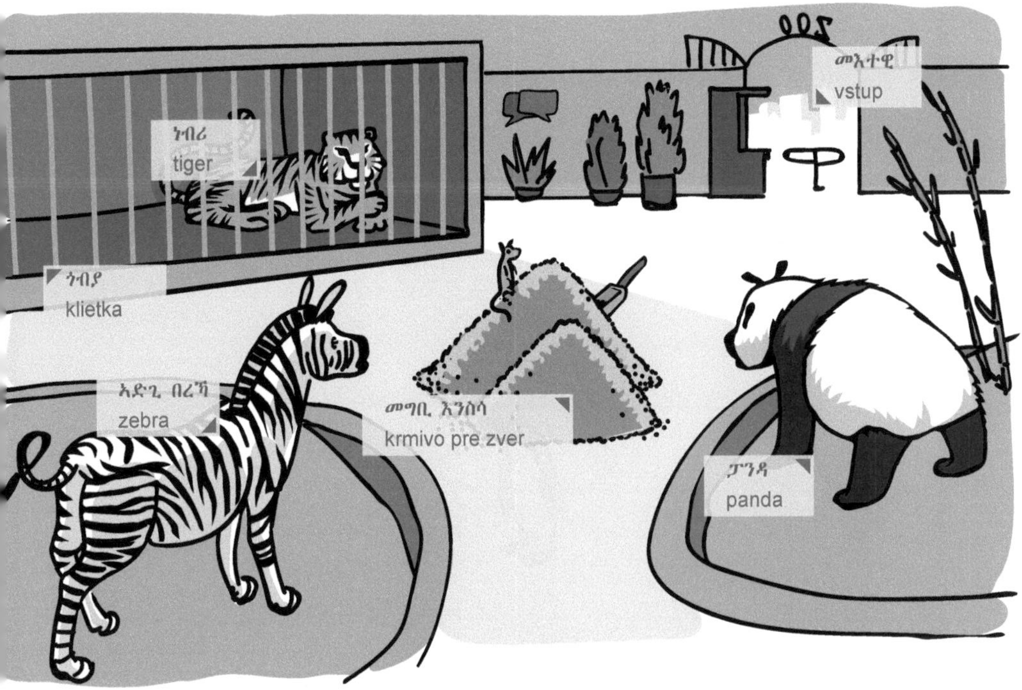
ነብሪ
tiger
መእተዊ
vstup
ጎብያ
klietka
ኣድጊ በረኻ
zebra
መግቢ እንስሳ
krmivo pre zver
ፓንዳ
panda

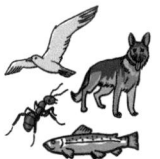

እንስሳታት

zvieratá

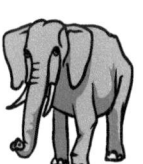

ሓርማዝ

slon

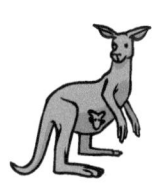

ካንጋሩ

klokan

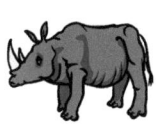

ሓሪሽ

nosorožec

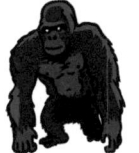

ጉሪላ

gorila

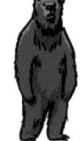

ድቢ

medveď

ገመል

ťava

ሰገን

pštros

አንበሳ

lev

ህበይ

opica

ፍላሚንጎ

plameniak

ሕንጻይ

papagáj

ድቢ በረድ

ľadový medveď

ፐንጉን

tučniak

ከልቢ ዓሳ

žralok

ጣውስ

páv

ተመን

had

ሓርገጽ

krokodíl

ሓላዊ ቤት ገርድሽ

ošetrovateľ v ZOO

ዓሳ ዚምገብ እንስሳ ባሕሪ

tuleň

ጃጉር

jaguár

ሓጺር ፈረስ
poník

ነብሪ
leopard

ጉማሬ
hroch

ጂራፍ
žirafa

ሊላ
orol

መፍለስ
diviak

ዓሳ
ryba

ጐብየ
korytnačka

ዋልሩስ
mrož

ወኻርያ
líška

ሰስሓ
gazela

ናይ አሜሪካ ኩዕሶ እግሪ
americký futbal

ምዝዋር ብሽግለታ
cyklistika

ተኒስ
tenis

ባስከትባል
basketbal

ምሕምባስ
plávanie

ቦክሲንግ
box

ሆኪ በረድ
hokej

ኩዕሶ እግሪ

futbal

ባድሚንቶን

bedminton

እስፖርታዊ ንጥፈታት

ľahká atletika

ኩዕሶ ኢድ

hádzaná

ስኪ

lyžovanie

ፖሎ

pólo

ሰሓቐ
smiať sa

ነጠረ
skočiť

ሓቖፈ
objať

ከደ
chodiť

ደረፈ
spievať

ሓለመ
snívať

ጸለየ
modliť sa

ሰዓመ
pobozkať

ጻሓፈ
....
písať

ሰአለ
....
kresliť

አርአየ
....
ukázať

ደፍአ
....
tlačiť

ሃበ
....
dať

ወሰደ
....
brať

አለወ
....
mať

ገበረ
....
robiť

ኮነ
....
byť

ጠጠው በለ
....
stáť

ጎየየ
....
bežať

ሰሓበ
....
ťahať

ሰንደወ
....
hádzať

ወደቐ
....
padnúť

ሓሰወ
....
ležať

ተጸበየ
....
čakať

ሰከም
....
nosiť

ኮፍ በለ
....
sedieť

ተኸድነ
....
obliecť sa

ደቀሰ
....
spať

ተስአ
....
zobudiť sa

ረኣየ
....
pozerať

በኸየ
....
plakať

ብኣጹብዑ ደረዘ
....
hladkať

መሸጠ
....
česať

ተዛረበ
....
hovoriť

ተረድአ
....
rozumieť

ሓተተ
....
pýtať sa

ሰምዐ
....
počuť

ሰተየ
....
piť

በልዐ
....
jesť

አጽመጠ
....
uprať

አፍቀረ
....
milovať

ከሸነ
....
variť

ዘወረ
....
jazdiť

ነፈረ
....
letieť

ብመርከብ ገየሸ

plachtiť

ደመረ

počítať

አንበበ

čítať

ተመሃረ

učiť sa

ሰርሐ

pracovať

መርዓወ

oženiť

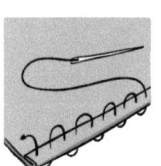

ሰፈየ

šiť

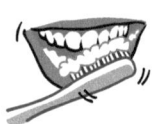

ጽሬት አስናን

čistiť zuby

ቀተለ

zabiť

ሽጋራ ተከኸ

fajčiť

ሰደደ

poslať

ዓባየ
stará mama

አቦሓጎ
starý otec

አቦ
otec

አደ
mama

ማማይ
bábo

ጓል
dcéra

ወዲ
syn

ጋሻ
hosť

ሓትኖ
teta

አኮ
strýko

ሓው
brat

ሓፍቲ
sestra

ግንባር
čelo

ዓይኒ
oko

ገጽ
tvár

መንከስ
brada

አፍ-ልቢ
hruď

አጻብዕ
prst

ኢድ
ruka

ምናት
rameno

መንኩብ
plece

ሽቴን እግሪ
noha

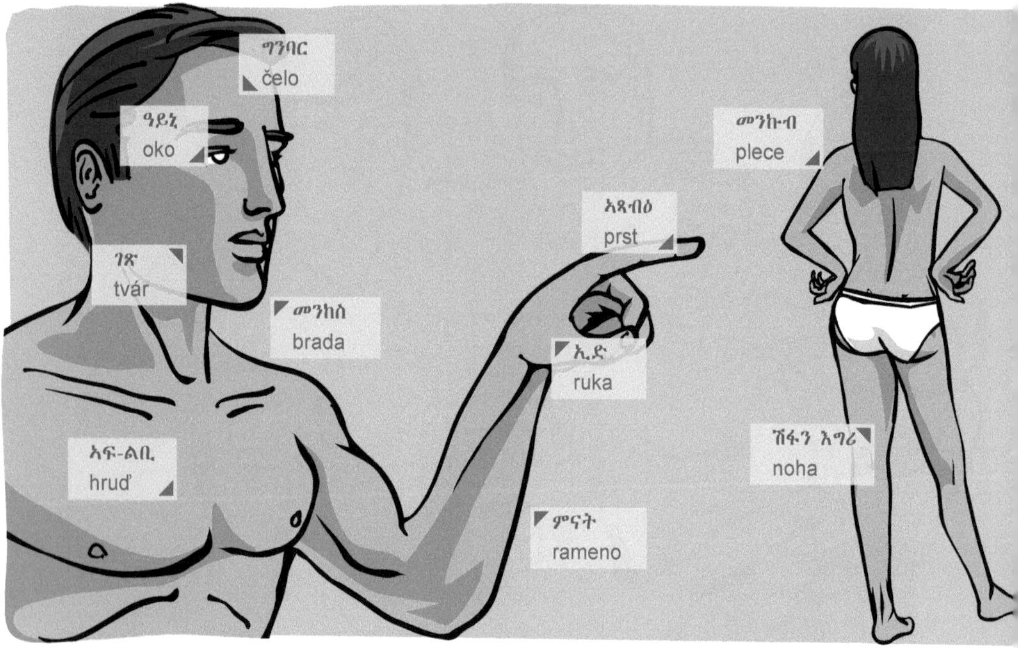

ማማይ
bábo

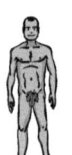

ሰብአይ
muž

ሰበይቲ
žena

ጓል
dievča

ወዲ
chlapec

ርእሲ
hlava

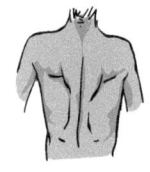

ሕቖ
chrbát

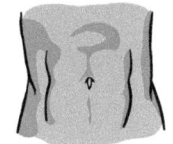

ክስዐ
brucho

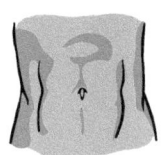

ሕምብርቲ
pupok

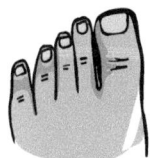

ኣጻብዕ እግሪ
prst na nohe

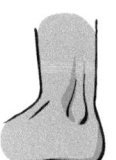

ኩርኲረ
päta

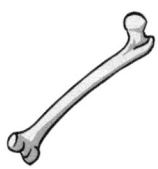

ዓጽሚ
kosť

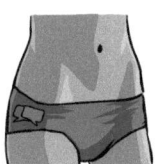

ምሕኩልቲ
bok

ብርኪ
koleno

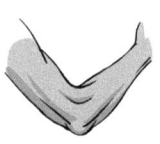

ፍግፍጕ
lakeť

ኣፍንጫ
nos

መዓኮር
zadok

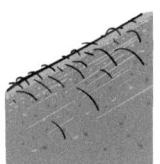

ቆርበት
koža

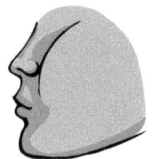

ምዕጉርቲ
líce

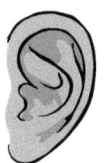

እዝኒ
ucho

ከንፈር
pery

አፍ

ústa

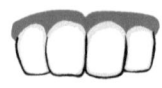

ስኒ

zub

መልሓስ

jazyk

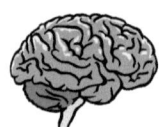

ሓንጎል

mozog

ልቢ

srdce

ጭዋዳ

svaly

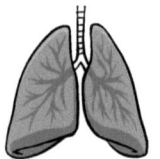

ሳንቡእ

pľúca

ጸላም ከብዲ

pečeň

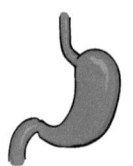

ከብዲ

žalúdok

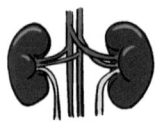

ኮሊት

obličky

ግብረ ስጋ

pohlavný styk

ኮንዶም

kondóm

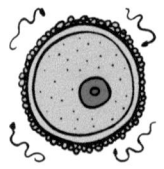

እንቋቋሕ

vaječná bunka

ዘርኢ ተባዕታይ

semeno

ጥንሲ

tehotenstvo

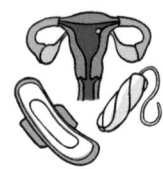

ጽግያት

menštruácia

ርሕሚ

vagína

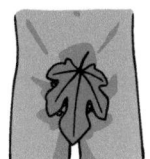

መትሎ

penis

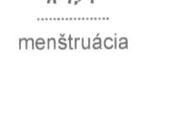

ሽፋሽፍቲ

obočie

ጸግሪ

vlasy

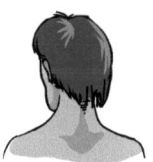

ክሳድ

krk

ሆስፒታል
nemocnica

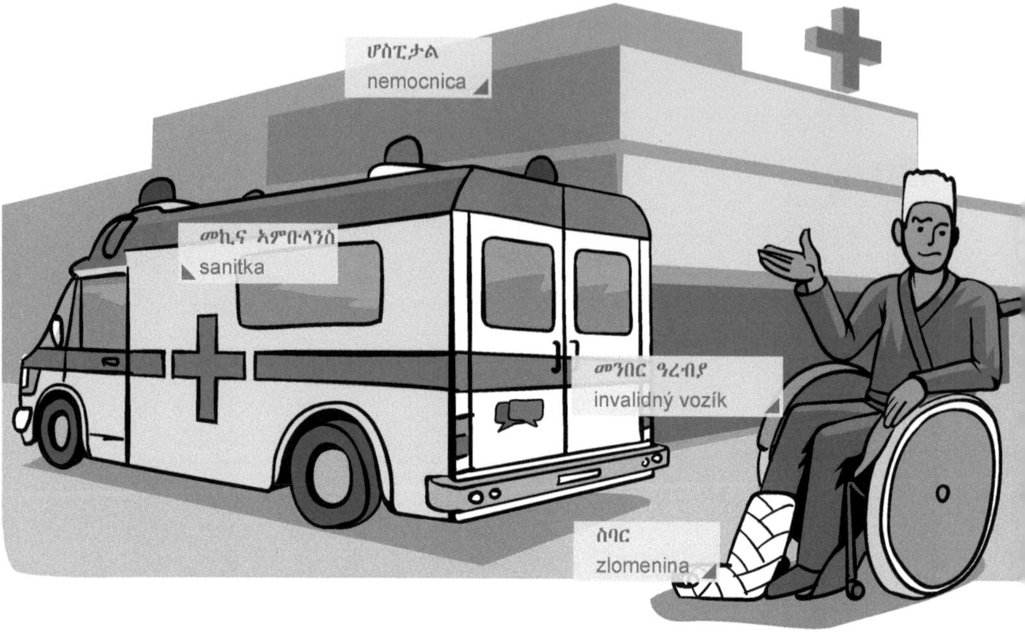

ሆስፒታል
nemocnica
መኪና ኣምቡላንስ
sanitka
መንበር ዓረብያ
invalidný vozík
ስባር
zlomenina

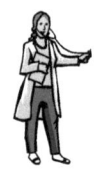

ሓኪም

lekár

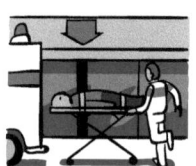

ክፍሊ ህጹጽ ረድኤት

urgentný príjem

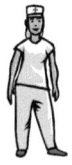

ኣላይት

sestrička

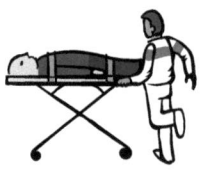

ህጹጽ ኩነት

urgentný prípad

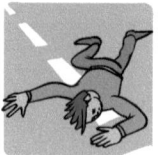

ውነኡ ዘጥፍአ

v bezvedomí

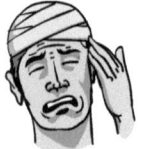

ቃንዛ

bolesť

ጉድኣት

zranenie

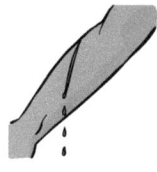

ደም

krvácanie

ማህረምቲ

srdcový infarkt

ማህረምቲ

mozgová porážka

ኣለርጂ

alergia

ሰዓል

kašeľ

ረስኒ

teplota

ኡንፍልወንዛ

chrípka

ውጽኣት

hnačka

ቃንዛ ርእሲ

bolesť hlavy

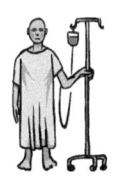

መንሽሮ

rakovina

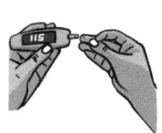

ሽኮርያ

cukrovka

ሓኪም መጥባሕቲ

chirurg

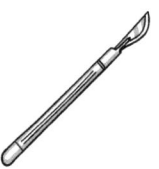

መጥብሒ

skalpel

መጥባሕቲ

operácia

CT

CT

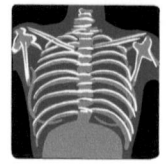

ራጇ

RTG

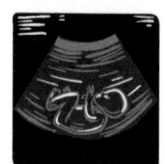

ልዕለ ድምጸዊ

ultrazvuk

መሸፈኒ ገጽ

maska

ሕማም

choroba

ክፍሊ ምጽባይ

čakáreň

ምርኩስ

barla

መጅነኒ ቐስሊ

náplasť

መጅነኒ

obväz

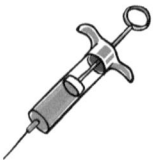

መርፍዕ ምውጋእ

injekcia

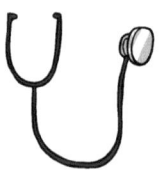

ስተቶስኮፕ

fonendoskop

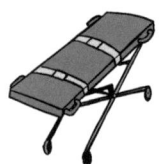

መሰከሚ ሕማም

nosidlá

ቴርሞመተር

teplomer

ትውልዲ

pôrod

ልዕለ-ሚዛን

nadváha

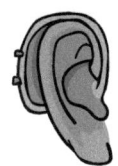

ሓገዝ ምስማዕ

audiofón

ኣንጻሂ

dezinfekčný prostriedok

ልበዳ

infekcia

ቫይረስ

vírus

ኤድስ

HIV / AIDS

ሕክምና

medicína

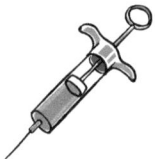

ክታበ

očkovanie

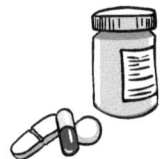

ክኒና

tabletky

ክኒና

antikoncepčná pilulka

ህጹጽ ምድዋል

tiesňové volanie

መዕቀኒ ጸቅጢ ደም

tlakomer

ሕሙም / ጥዑይ

chorý / zdravý

ሓገዝ

Pomoc!

ኣላርም

alarm

ምህጃም

prepad

መጥቃዕቲ

útok

ድንገት

nebezpečenstvo

ህጹጽ መውጽኢ.

núdzový východ

ሓዊ!

Horí!

መጥፍኢ ሓዊ

hasičský prístroj

ሓደጋ

nehoda

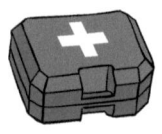

ሳንጣ ቀዳማይ ረድኤት

kufrík prvej pomoci

SOS

SOS

ፖሊስ

polícia

ኤውሮጳ
....
Európa

ሰሜን አመሪካ
....
Severná Amerika

ደቡብ አመሪካ
....
Južná Amerika

አፍሪቃ
....
Afrika

ኤስያ
....
Ázia

አውስትራልያ
....
Austrália

አትላንቲክ
....
Atlantický oceán

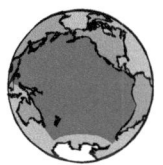

ፓሲፊክ
....
Tichý oceán

ህንዳዊ ዉቅያኖስ
....
Indický oceán

አንታርቲካዊ ዉቅያኖስ
....
Južný oceán

አርክቲካዊ ዉቅያኖስ
....
Severný ľadový oceán

ሰሜናዊ ዋልታ
....
Severný pól

ደቡባዊ ዋልታ

Južný pól

አንታርክቲካ

Antarktída

ምድሪ

Zem

መሬት

krajina

ባሕሪ

more

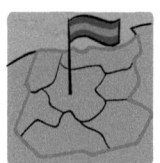

ደሴት

ostrov

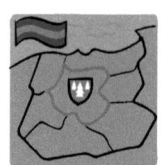

ሃገር

národ

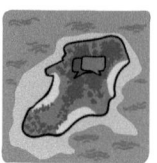

ዓዲ

štát

ገጽ ሰዓት

ciferník

አመልካቲ ሰዓታት

hodinová ručička

አመልካቲ ደቓይቕ

minútová ručička

አመልካቲ ካልኢት

sekundová ručička

ሰዓት ክንደይ አሎ?

Koľko je hodín?

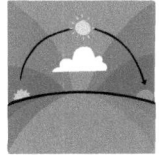

መዓልቲ

deň

ግዜ

čas

ሕጂ

teraz

ዲጂታል ሰዓት

digitálne hodiny

ደቓቕ

minúta

ሰዓት

hodina

ሰሙን

týždeň

ሰኑይ
pondelok

MO

W streda

ረቡዕ

FR piatok

ዓርቢ

TU

TH

SA

ቀዳም
sobota

ሰሉስ
utorok

ሓሙስ
štvrtok

SO

ሰንበት
nedeľa

ትማሊ

včera

ሎሚ

dnes

ጽባሕ

zajtra

ንጎሆ

ráno

ቀትሪ

poludnie

ምሽት

večer

MO	TU	WE	TH	FR	SA	SU
1	2	3	4	5	6	7
8	9	10	11	12	13	14
15	16	17	18	19	20	21
22	23	24	25	26	27	28
29	30	31	1	2	3	4

መዓልታት ስራሕ

pracovné dni

MO	TU	WE	TH	FR	SA	SU
1	2	3	4	5	6	7
8	9	10	11	12	13	14
15	16	17	18	19	20	21
22	23	24	25	26	27	28
29	30	31	1	2	3	4

መወዳእታ ሰሙን

víkend

ዓመት

rok

ዝናብ
dážď
ቀስተ-ደመና
dúha
ንፋስ
vietor
በረድ
sneh
ጽድያ
jar
ሓጋይ
leto
ቀውዒ
jeseň
ክረምቲ
zima

4.APRIL 11°
5.APRIL 4°
6.APRIL 13°
7.APRIL 8°
8.APRIL 10°

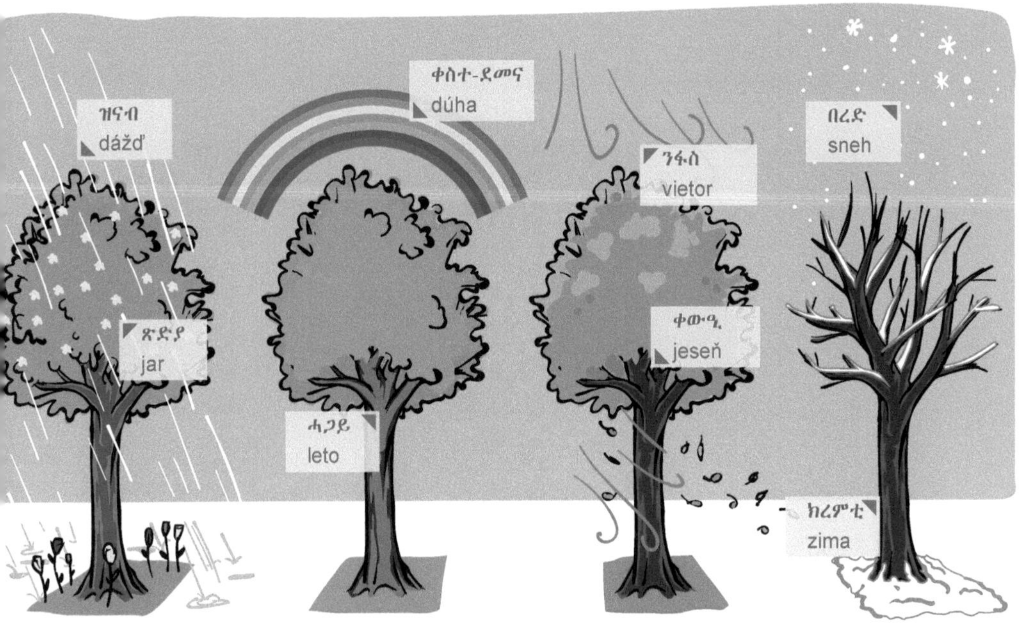

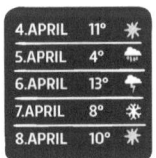

ትንቢት ኩነታት ኣየር

predpoveď počasia

F C
120 40
90 30
60 20
30 10
0 0
-30 -10
-20

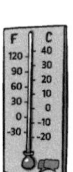

ቴርሞመተር

teplomer

ብርሃን ጸሓይ

slnečný svit

ደበና

oblak

ግመ

hmla

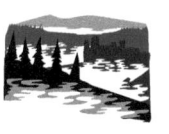

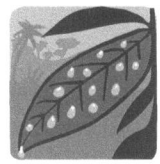

ጠሊ

vlhkosť vzduchu

ብርቂ

blesk

ነጉዳ

hrom

ህቦብላ

búrka

በረድ

krúpy

ብርቱዕ ህቦብላ

monzún

ውሕጅ

záplava

በረድ

ľad

ጥሪ

január

ለካቲት

február

መጋቢት

marec

ሚያዝያ

apríl

ጉንበት

máj

ሰነ

jún

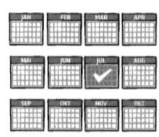

ሓምለ

júl

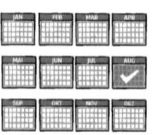

ነሓሰ

august

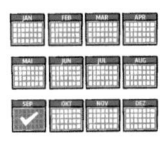

መስከረም
....
september

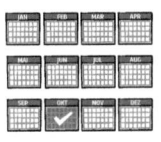

ጥቅምቲ
....
október

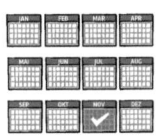

ሕዳር
....
november

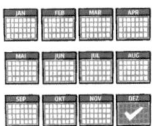

ታሕሳስ
....
december

ዙርያ
....
kruh

ትርብዒት
....
štvorec

ቅኑዕ ርቡዕ ኩርናዕ
....
obdĺžnik

ስሉስ ኩርናዕ
....
trojuholník

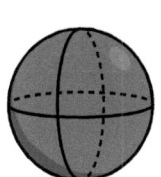

ክቢ.
....
guľa

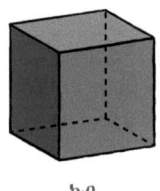

ኩቦ
....
kocka

ጸዕዳ

biela

ብጫ

žltá

ኦራንሺ.

oranžová

ፒንክ

ružová

ቀይሕ

červená

ጆኽ

fialová

ሰማያዊ

modrá

ቀጠልያ

zelená

ቡናዊ

hnedá

ሓሙኽሽታይ

šedá

ጸሊም

čierna

ብዙሕ / ውሑድ
veľa / málo

ሕሩቕ / ሰላማዊ
zúrivý / pokojný

ጽቡቕ / ክፉእ
pekný / škaredý

መጀመርያ / መወዳእታ
začiatok / koniec

ዓቢ / ንእሽቶ
veľký / malý

ብሩህ / ጸልማት
svetlý / tmavý

ሓው / ሓፍት
brat / sestra

ጽሩይ / ርሳሕ
čistý / špinavý

ምሉእ / ዘይምሉእ
úplný / neúplný

መዓልቲ / ለይቲ
deň / noc

ሙዉት / ህልው
mŕtvy / živý

ሰፊሕ / ጸቢብ
široký / úzky

ደስ ዘበል / ደስ ዘይብል
························
chutný / nechutný

እኩይ / ህያዋይ
········
zlostný / láskavý

ርቡጽ / ስልኩይ
·········
vzrušený / unudený

ረጊድ / ቀጢን
·········
tlstý / chudý

ቀዳማይ / ናይ መወዳእታ
··········
prvý / posledný

ዓርኪ / ጸላኢ
··········
priateľ / nepriateľ

ምሉእ / ባዶ
·········
plný / prázdny

ተሪር / ልስሉስ
·········
tvrdý / mäkký

ከቢድ / ፈኩስ
·········
ťažký / ľahký

ጥምየት / ጽምየት
·········
hlad / smäd

ሕሙም / ጥዑይ
·········
chorý / zdravý

ዘይሕጋዊ / ሕጋዊ
·········
nelegálny / legálny

መስተውዓሊ / ስዲ
·········
inteligentný / hlúpy

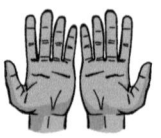

ጸጋም / የማን
·········
vľavo / vpravo

ቐረባ / ርሑቕ
·········
blízko / ďaleko

ሓዲሽ / ብሉይ
....
nový / použitý

ዋላ ሓደ / ገለ
....
nič / niečo

ዓቢ/ኣረጊት / መንእሰይ
....
starý / mladý

ወልዕ / ኣጥፍእ
....
zapnuté / vypnuté

ክፉት / ዕጹው
....
otvorené / zatvorené

ህዱእ / ዓው
....
tichý / hlasný

ሃብታም / ድኻ
....
bohatý / chudobný

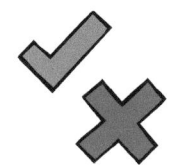

ቅኑዕ / ግጉይ
....
správne / nesprávne

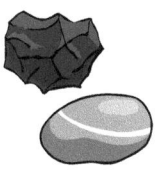

ሓርፋፍ / ልሙጽ
....
drsný / hladký

ጉሁይ / ሕጉስ
....
smutný / šťastný

ሓጺር / ነዊሕ
....
krátky / dlhý

ቀስ / ቅልጡፍ
....
pomaly / rýchlo

ጥሉል / ንቑጽ
....
mokrý / suchý

ምዉቕ / ዝሑል
....
teplý / studený

ውግእ / ሰላም
....
vojna / mier

0	**1**	**2**
ዜሮ	ሓደ	ክልተ
nula	jeden	dva
3	**4**	**5**
ሰለስተ	ኣርባዕተ	ሓሙሽተ
tri	štyri	päť
6	**7**	**8**
ሽዱሽተ	ሸውዓተ	ሸሞንተ
šesť	sedem	osem
9	**10**	**11**
ትሽዓተ	ዓሰርተ	ዓሰርተ ሓደ
deväť	desať	jedenásť

12
ዓሰርተ ክልተ
dvanásť

13
ዓሰርተ ሰለስተ
trinásť

14
ዓሰርተ ኣርባዕተ
štrnásť

15
ዓሰርተ ሓሙሽተ
pätnásť

16
ዓሰርተ ሽዱሽተ
šestnásť

17
ዓሰርተ ሸውዓተ
sedemnásť

18
ዓሰርተ ሸሞንተ
osemnásť

19
ዓሰርተ ትሽዓተ
devätnásť

20
ዕስራ
dvadsať

100
ሚእቲ
sto

1.000
ሽሕ
tisíc

1.000.000
ሚልዮን
milión

እንግሊዝኛ

anglictina

አመሪካዊ እንግሊዛዊ

americká angličtina

ቻይናዊ ማንዳሪን

mandarínska čínština

ሂንዳዊ

hindčina

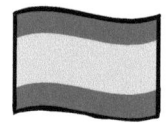

እስጳኛዊ

španielčina

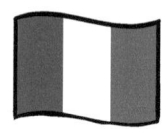

ፈረንሳዊ

francúzština

ዓረባዊ

arabčina

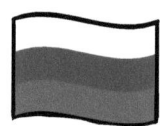

ሩሲያዊ

ruština

ፖርቱጋላዊ

portugalčina

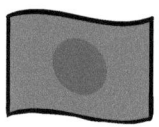

በንጋሊ

bengálčina

ጀርመናዊ

nemčina

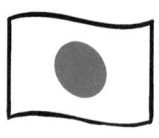

ጃፓናዊ

japončina

አነ

ja

ንስኻ/ኺ.

ty

ንሱ / ንሳ / ንሱ

on/ona/ono

ንሕና

my

ንስኻ

vy

ንሳቶም

oni

መን?

kto?

እንታይ?

čo?

ከመይ?

ako?

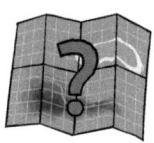

አበይ?

kde?

መዓስ?

kedy?

ሽም

meno

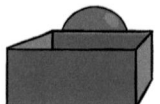

ድሕሪ

za

አብ

v

አብ ቅድሚ

pred

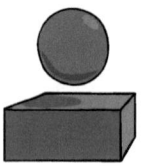

አብ ላዕሊ

nad

አብ ልዕሊ

na

ትሕቲ ምድሪ

pod

አብ ጥቓ

vedľa

አብ መንጎ

medzi

ቦታ

miesto